AF281248

EFECTO LIBERTAD

Octubre 2025
ISBN eBook: 978-84-685-9300-5
ISBN papel: 978-84-685-9301-2
Depósito legal: M-24796-2025

Editado por Bubok Publishing S.L. equipo@bubok.com
Tel: 912904490
Paseo de las Delicias, 23
28045 Madrid © 2025 John Breiner Clavijo Yepes
Todos los derechos reservados.

A esa "Luz" que me entregó la llave para "elegir" y ser "libre".

A mis hijos, Juan Ignacio y Juan Pablo,
por ser la chispa que encendió este viaje.

A cada persona que forma parte de mi historia
—en lo dulce y en lo difícil— porque "todo" me trajo hasta aquí.

Y a vos, mi querido lector,
que abrís estas páginas con el alma despierta.
Que esta libertad también te toque.

¿Para quién elegiste este libro?

A veces tenemos la idea en la cabeza y no sabemos cómo
expresarlas en palabras, al final de este libro,
te dejo distintas dedicatorias para que la escribas
en la imagen inicial ya sea para ti u otra persona.

Siempre está bueno dedicarlo.

ÍNDICE

¡Hola! ¡Me alegra que estés por aquí! Gracias por abrir estas páginas, llegaste justo a tiempo, ponete cómodo, empecemos el viaje...

Después de muchos años entendí que somos seres poderosos, dotados de una extraordinaria cantidad de facultades físicas, mentales y espirituales, con completa voluntad pero sujetos a leyes universales de causa-efecto de esas decisiones que tomamos.

Para este increíble recorrido tenemos la posibilidad y fortuna de contar con señales, consejos y prácticas milenarias que han sido utilizadas, a veces sin saber de dónde venían, pero a sabiendas que resultaban beneficiosas para nuestra vida

¿Cómo vas a transitar esta aventura de vivir? sólo depende de vos.

Conectados con una inteligencia Superior, de múltiples significados en la infinita diversidad que nos hace exclusivos, con planes de bien y no de mal para nuestras vidas. Quiero hacerte llegar estas recomendaciones desde una voz diferente...

"¡He aquí, dejo un Tesoro en tus manos, úsalo para tu bien!"

Sil

Cómo vas a usar de manera más óptima este libro

ESTRUCTURA

Dedicatoria: la primera hoja con la que te vas a encontrar, es justamente para que te ocupes de dedicar este libro a quién deseás que lo lea, seas vos u otra persona, verás que frase te refleja más esa intención. ¡Sólo la tomás (de las páginas que se encuentran al final de esta obra (69)) o la inventás y la escribís adelante! ¡Y ya podemos seguir avanzando!

Carta al lector: te escribo, te hablo, conectamos las intenciones.

Abordar: una breve reflexión para iniciar

Episodios: te vas a encontrar con 7, cada uno de ellos con actividades para cranear

CRANEAR es: un apartado para reflexionar, hacer alguna actividad, cerrar el episodio.

Hay muchas **bitácoras** que son: como mapas del alma: espacios para registrar experiencias, pensamientos, emociones, descubrimientos o reflexiones profundas. No tienen una única forma ni propósito—pueden adaptarse a lo que necesites expresar, resolver o explorar.

Referencias: tenés todas las fuentes de donde busqué data para vos!

Finalmente, "Conectados con el Ser", es el cierre. resume prácticamente el propósito del libro, comprender profundamente algo...ser libre.

¡¿Vamos?!

ABORDAR

He visto gente caminando por las calles de la ciudad completamente presas, y también he visto gente en cárceles, rodeadas de paredones imposibles de franquear, pero libres....

¿Entonces qué es la libertad?

...Cerrá los ojos...imagináte frente al majestuoso mar...el sonido de las olas...

La inmensidad de la montaña...

El olor a tierra recién mojada después de una deseada lluvia en los verdes campos...

El bosque con las ramas de los árboles meciéndose como si bailaran al son de una música inaudible a oídos humanos...

Permitime ser tan osada para entrar en tu mundo, acompañarte mientras dure esta lectura, y juntos ir alivianando carga, como si fuéramos vagabundos, sin equipajes, más libres ...

Genograma

"...Soy lo que decido ser, es mi absoluta responsabilidad, puedo elegir aún en medio del caos...

Quien abraza su historia, ama su existencia..."

Efecto libertad

Por mucho tiempo cuando era niña, tenía en mis pensamientos el deseo de descubrir que era adoptada, deseaba no tener los rasgos físicos que me hacían tan parecida a mi papá, (un hombre, que en mi infancia, estaba esclavizado por el vicio del alcohol) cuando la gente se admiraba por nuestro parecido, yo por dentro me enojaba y sufría. Hasta compartimos el mismo grupo sanguíneo e incluso aspectos de personalidad y talentos. Esa herencia genética que me hacía tan parecida a mi agresor, me desestabilizaba tanto, que deseaba, en esa edad tan corta, morir más de una vez. Como cuando se te está haciendo una cascarita en la herida y vinieran, te la sacaran, sangrás y luego es volver a esperar para que vuelva a intentar cicatrizar. Muchas veces dije: ¿por qué yo? Y miraba a mis hermanos ser tan diferentes a mí (ya que físicamente habían heredado los rasgos de mi familia materna) que también me generaba sentimientos de celos, mezclados con ira.

Tuvieron que pasar muchos años y procesos, para llegar a no sólo perdonar, sino aceptar y transformar cada aspecto en algo positivo que mi mente y pensamientos no me permitían en esos tiempos ver y admitir.

Tiempo… que a veces creemos que nos sobra y otras lo sentimos como si fuera un gran tesoro que se escapa como agua entre las manos.

¿En qué medida lo heredado afecta nuestra salud? ¿Afecta algo más? Sumerjámonos en este mundo para despejar dudas y avanzar a mayor velocidad.

Tenemos indudablemente una herencia generacional de sangre, pactos, cultura, prácticas, etc., que nuestros antepasados nos han dejado como legado. Todo lo heredado, puede tener una connotación buena o mala en nuestras vidas, según las vivencias que hayamos tenido, el tema es, que definitivamente influye, Entonces… ¿qué hacemos con ello? ¿qué tan conscientes somos de todo lo que traemos? ¿Cómo lo utilizamos? Y en el caso de tener un efecto negativo para nosotros: ¿Cómo lo transformamos?

¿Se puede? ¿Aún siendo genético? ¿O cultural? ¿o por mandatos? Cosas, a veces tan intrínsecamente arraigadas a nuestro ser como un gran árbol viejo que ha echado raíces profundas...

- Voy a dejarte "¡**mucha data!**" sobre este y otros asuntos que vamos a abordar en los siguientes episodios, las cuales fui obteniendo, de curiosa, y una me fue llevando a la otra y todo me pareció muy atractivo. Espero lo sea y te sirva a vos también. Esto que se viene es una "**lluvia de información**" que trato de dejarte lo más ordenada posible, pero toda, a medida que la iba descubriendo me pareció interesante y ¡deseo compartirla con vos!

🖤 Data!: "El monje que sembró la genética"

- Gregor Mendel fue un Monje que, en el jardín de su monasterio, realizó miles de cruzamientos entre plantas de guisantes, lo que más tarde lo llevó a describir cómo se transmiten las características de una generación a la siguiente, es decir, los rasgos dominantes y recesivos. Fue un monje austríaco del siglo XIX que describió las leyes básicas de la herencia y a través de estos experimentos proporcionó muchas de las bases de la genética moderna.

La investigación científica ha establecido que **la herencia genética y la cultural coexisten e interactúan en la evolución humana.**
La genética, se refiere a la transmisión de características de padres a hijos a través del ADN.
La herencia cultural, por otro lado, se refiere a la transmisión de conocimientos, creencias y prácticas sociales a través de la enseñanza, repetición e imitación.

Efecto libertad

💜 Data!: "La herencia genética"

Mirá qué nos aporta la ciencia:
"La herencia genética juega un papel fundamental en la vida de una persona, influyendo en aspectos físicos, biológicos y hasta conductuales".

Quiero dejarte datos para que puedas ver sobre su importancia:

Importancia de la herencia genética:

La herencia genética es el proceso mediante el cual los rasgos físicos, biológicos y de personalidad se transmiten de padres a hijos a través de los genes. Este mecanismo no sólo determina características visibles como el color de ojos o la estatura, sino también la predisposición a enfermedades y la capacidad de adaptación al entorno.
No sólo define características individuales, sino que también influye en la salud, la evolución y la adaptación de los seres humanos. **Comprender su impacto permite desarrollar estrategias para prevenir enfermedades hereditarias y mejorar la calidad de vida.**
Esta herencia consiste en la transmisión de los rasgos físicos, biológicos, fisiológicos y de personalidad a través de los genes.

💜 Data!: "El entorno"

Además de lo genético existen otras cuestiones que se suman a la construcción de lo que somos.

- **"Nos influencia el entorno".**

El entorno abarca factores físicos, sociales y culturales que afectan la manera en que las personas crecen, aprenden y se relacionan. Desde la calidad del aire hasta las normas sociales, cada aspecto del entorno puede moldear la salud, la personalidad y las oportunidades de un individuo.

Te dejo sólo algunos ejemplos de datos estadísticos relevantes:

1. Impacto ambiental en la salud: Según la Organización Mundial de la Salud (OMS), la contaminación del aire causa alrededor de 7 millones de muertes anuales debido a enfermedades respiratorias[1]

2. Influencia social en el desarrollo: Estudios han demostrado que el entorno familiar y educativo puede afectar el rendimiento académico. Los niños que crecen en ambientes estimulantes tienen un 30% más de probabilidades de alcanzar niveles educativos superiores[2].

3. Efecto del entorno cultural: La identidad cultural influye en la percepción del mundo y en la toma de decisiones. Se ha observado que las personas expuestas a diversas culturas desarrollan una mayor capacidad de adaptación y pensamiento crítico[3]

4. Condiciones económicas y bienestar: La pobreza y la falta de acceso a recursos básicos pueden reducir la esperanza de vida en hasta 10 años, según estudios sobre desigualdad social[4].

Entonces el "entorno" no sólo define las condiciones de vida,
sino que también influye en la salud, el desarrollo personal
y las oportunidades de cada individuo,
jugando un papel crucial en el desarrollo físico,
emocional y cognitivo de las personas.

🖤 Data!: "Experimentos registrados sobre la influencia del entorno"

* Experimento de la prisión de Stanford (1971)

Investigador: Según el estudio de Philip Zimbardo. (1971)

Objetivo: Analizar cómo el entorno influye en el comportamiento humano.

Resultados: Los participantes asumieron sus roles de prisioneros y guardias de manera extrema, demostrando cómo el contexto puede modificar la conducta[5].

Estudio "Healthy Cities" (2021)

Investigadores: Evelia Franco Álvarez, Jesús M. Urosa Domingo, Javier Gil Ares, Rubén O. Barakat Carballo, Ignacio Refoyo Román

Objetivo: Evaluar el impacto de entornos saludables en la calidad de vida de los trabajadores.

Resultados: Se observó que el sedentarismo y la dieta afectan el bienestar y la percepción de felicidad[6].

* Influencia de la experimentación y el método científico (2024)

Investigador: Leidy Diana Cabrera Villota

Objetivo: Analizar cómo el entorno educativo afecta el aprendizaje en ciencias naturales.

Resultados: Se demostró que un entorno estructurado mejora el desarrollo cognitivo de los estudiantes[7].

Estos estudios muestran que **el entorno tiene un impacto significativo** en la vida de las personas, desde la conducta social hasta la salud y el aprendizaje. **Comprender estos efectos permite diseñar estrategias para mejorar la calidad de vida y el bienestar general.**

💜 Data!: "Estudios de casos:
Se puede romper con la herencia cultural y aún genética"

También hay estudios que sugieren que las personas pueden romper con la herencia genética y cultural a través de cambios en su entorno, educación y decisiones personales.

Aquí podemos acceder a algunos ejemplos:

- Influencia de la cultura sobre la genética: Investigadores han argumentado que la cultura puede tener un impacto mayor que la genética en la evolución humana. Un estudio de la Universidad de Maine sugiere que el conocimiento y las prácticas culturales permiten adaptaciones más rápidas que los cambios genéticos[8].

- Test de ancestralidad y percepción de identidad: Muchas personas que realizan pruebas genéticas de ancestralidad descubren que su identidad cultural no siempre coincide con su herencia genética.

Esto demuestra que la identidad puede estar más influenciada por el entorno y la historia personal que por la genética[9].

Este **test** es una prueba genética que analiza tu ADN para revelar el origen étnico y geográfico de tus antepasados. Aquí te explico cómo funciona y qué puedes descubrir:
¿Qué analiza?

- **Variantes genéticas (SNPs)**: se comparan con bases de datos de poblaciones de todo el mundo.
- **ADN autosómico**: refleja la mezcla genética heredada de ambos padres.
- **ADN mitocondrial y cromosoma Y**: permiten rastrear linajes maternos y paternos (el cromosoma Y sólo en varones).

¿Qué revela?

- **Porcentajes de origen étnico**: te muestra de qué regiones proviene tu ADN.
- **Rutas migratorias**: cómo se desplazaron tus ancestros a lo largo de la historia.
- **Haplogrupos**: linajes genéticos que conectan con poblaciones antiguas.
- **Parientes biológicos**: puedes encontrar personas que comparten segmentos de ADN contigo.

¿Cómo se realiza?

- Recibís un kit en casa.
- Tomás una muestra de saliva (con hisopos).

- Enviás la muestra al laboratorio.
- Recibís los resultados en un mapa interactivo con informes detallados.

¿Para qué sirve?

- Conocer tus raíces y cultura ancestral.
- Reconectar con familiares lejanos.
- Explorar tu identidad genética.
- En algunos casos, complementar estudios de salud y bienestar.

- Cambio de hábitos y epigenética: La epigenética estudia cómo el entorno y las experiencias pueden modificar la expresión de los genes sin alterar la secuencia genética. Factores como la alimentación, el estrés y el estilo de vida pueden activar o desactivar ciertos genes, **"lo que demuestra que la herencia genética no es un destino fijo"**.

Estos estudios sugieren que, aunque la genética y la cultura influyen en la vida de las personas, **es posible modificar su impacto a través de decisiones personales y cambios en el entorno.**

🖤 Data!**: "Una teoría"**
(Puede ser puesta a prueba, debatida y modificada
si aparecen nuevas evidencias)**:**

<u>Teoría</u> de la herencia dual (también conocida como *coevolución gen-cultura* o *evolución biocultural*) propone que el comportamiento humano es el resultado de la interacción entre dos sistemas evolutivos distintos pero interconectados: la **herencia genética** y la **herencia cultural**[10].

Fundamentos clave:

- **Genes y cultura coevolucionan**: Los cambios genéticos pueden influir en la cultura, y a su vez, los cambios culturales pueden modificar la presión de selección genética.
- **La cultura como sistema de herencia**: Se transmite socialmente a través del aprendizaje, la imitación y la enseñanza, y puede evolucionar de forma similar a los genes, mediante selección y variación.
- **Adaptaciones culturales**: Rasgos como el lenguaje, la moral o las normas sociales no sólo se heredan genéticamente, sino también culturalmente, lo que permite una evolución más rápida y flexible.

Ejemplos ilustrativos:

- **Persistencia de la lactasa**: En sociedades con tradición lechera, la cultura de consumir leche llevó a la selección genética de individuos capaces de digerir lactosa en la adultez.
- **Transición demográfica**: En sociedades industrializadas, personas que priorizan el prestigio sobre la reproducción pueden convertirse en modelos culturales, influenciando comportamientos colectivos.

¿Por qué es importante?

Esta teoría ayuda a entender cómo los humanos desarrollamos comportamientos complejos, que no siempre se explican por la genética sola. También permite analizar cómo las culturas cambian y se adaptan a lo largo del tiempo.

💜 Data!: "Más estudios de casos"

(Son ejemplos con los que me choqué a medida que investigaba sobre el tema, algunos quizás resulten un poco complejos, pero trato de dejártelos lo más abreviados posibles, para acceder a los datos e informarnos, y podés investigar más si te interesa el tema)

Investigador: Robert Boyd y Peter Richerson

Objetivo: Analizar cómo la cultura puede influir en la evolución humana más allá de la genética.

Resultados: Se demostró que la transmisión cultural puede modificar comportamientos y adaptaciones sin necesidad de cambios genéticos[11].

Estructura genética y ancestralidad en la salud humana

Investigadores: Fernando Rondón González y Guillermo Barreto

Objetivo: Examinar cómo la mezcla genética y la influencia del entorno afectan la salud y el desarrollo humano.

Resultados: Se encontró que la estructura genética de una población puede ser modificada por factores ambientales y sociales[12].

Biotecnología humana y herencia cultural

Investigador: Andrés de Haro

Objetivo: Explorar cómo la biotecnología puede alterar la herencia biológica y cultural.

Resultados: Se identificaron métodos para modificar la expresión genética y la transmisión cultural mediante avances tecnológicos. Fuente: cuadernos de bioética[13].

Estos estudios reafirman que la herencia genética y cultural puede ser modificada por el entorno, la educación y la tecnología.

Modificar nuestra herencia genética y cultural es posible a través de diversos mecanismos que influyen en la expresión de los genes y en la transmisión de valores y costumbres. Aquí te presento algunas estrategias:

🖤 Data!: "Factores concretos que pueden modificar la herencia genética" (aunque parezcan reiterativos, profundizan lo anterior)

Epigenética: Factores como la alimentación, el ejercicio y el estrés pueden activar o desactivar ciertos genes sin alterar la secuencia genética. Por ejemplo, estudios han demostrado que una dieta equilibrada puede influir en la expresión de genes relacionados con enfermedades metabólicas.

Aquí tenés algunos estudios que han investigado cómo una dieta equilibrada puede influir en la expresión de genes:
Influencia de aminoácidos provenientes de la dieta en la expresión de genes:

Investigadores: Blanca G. Beltrán-Piña, Martha-Irene González-Castro, Francisco Rivas-García

Objetivo: Analizar cómo los aminoácidos de la dieta afectan la expresión génica.

Resultados: Se encontró que ciertos aminoácidos pueden regular la síntesis de proteínas y la activación de factores de transcripción, influyendo en la expresión de genes relacionados con el metabolismo y el crecimiento celular[14].

Nutrigenómica: revisión del estado actual y aplicaciones:

Investigadores: Ridner E., Gamberale MC., Aragona SH., Basile R., Saad G., García E., Marsó A., Lozano MG

Objetivo: Examinar la interacción entre los nutrientes y el genoma humano.

Resultados: Se identificaron genes que responden a la intervención nutricional, demostrando que la dieta puede modular la expresión génica y afectar la salud metabólica[15]

Genómica nutricional: un nuevo paradigma en la investigación de la nutrición humana

Investigador: Felipe García-Vallejo

Objetivo: Explorar cómo los componentes de la dieta pueden ser biológicamente activos y modificar la expresión génica.

Resultados: Se concluyó que la alimentación influye en la regulación de genes relacionados con el metabolismo y la prevención de enfermedades[16].

Estos estudios muestran que la dieta no sólo impacta la salud general, sino que también puede modificar la expresión de genes clave en el metabolismo y la prevención de enfermedades.

💜 Data!: "Terapia Génica"
(aún en desarrollo y cuestionada ética y moralmente)

Terapia génica: Aunque aún en desarrollo, la terapia génica permite modificar genes defectuosos para tratar enfermedades hereditarias. Se ha utilizado en casos de inmunodeficiencias y trastornos sanguíneos[17].

💜 Data: "CRISPR-Cas" (con cuestionamientos éticos y morales)

CRISPR-Cas9 es una herramienta revolucionaria de **edición genética** que permite modificar el ADN de forma precisa, rápida y relativamente sencilla. Funciona como unas "tijeras moleculares" que pueden cortar el ADN en lugares específicos para **eliminar, insertar o corregir genes**[18].

Descubrimiento: Inspirado en el sistema inmunológico de bacterias que combaten virus invasores.

Desarrolladoras: Emmanuelle Charpentier y Jennifer Doudna propusieron su uso como herramienta de edición genética en 2012.

Aplicaciones: Tratamiento de enfermedades hereditarias como la enfermedad de Huntington.

Investigación en cáncer, inmunodeficiencias, y trastornos sanguíneos. Posible uso en agricultura, medicina personalizada y biotecnología ambiental.

¿Cómo funciona?

1. CRISPR: Son secuencias de ADN que las bacterias usan para recordar virus invasores. Actúan como una especie de "memoria inmunológica".

2. Cas9: Es una enzima que corta el ADN en el sitio indicado por una molécula de ARN guía.

3. ARN guía: Se diseña para reconocer una secuencia específica del genoma. Lleva a Cas9 al lugar exacto donde se quiere editar.

Una vez que Cas9 corta el ADN, el sistema de reparación celular puede:

- Insertar una nueva secuencia.
- Eliminar una parte del gen.
- Corregir una mutación existente.

Aplicaciones

- **Terapia génica**: Para tratar enfermedades hereditarias como la anemia falciforme o la fibrosis quística.
- **Investigación biomédica**: Crear modelos celulares o animales para estudiar enfermedades.
- **Agricultura**: Desarrollar cultivos más resistentes o nutritivos.
- **Medicina personalizada**: Adaptar tratamientos según el perfil genético del paciente.

OJO: ¡¡Estar informado es importante! ¡Pero siempre analicemos desde todas las perspectivas posibles!

Efecto libertad

Consideraciones éticas

El uso de CRISPR-Cas9 en **embriones humanos** o para modificar rasgos como la inteligencia o la apariencia genera debates éticos profundos. Por eso, su aplicación está regulada en muchos países.

Selección embrionaria: En reproducción asistida, se pueden seleccionar embriones con características genéticas específicas para evitar enfermedades hereditarias.

Vayamos concluyendo con toda esta información

Entonces...

¿Qué podría llevarnos a una modificación de la herencia cultural?

Educación y exposición a nuevas ideas: La educación es clave para cambiar patrones culturales heredados. Aprender sobre diferentes culturas y perspectivas puede modificar creencias y valores.

Cambio de entorno: Mudarse a un lugar con una cultura diferente o rodearse de personas con valores distintos puede influir en la forma de pensar y actuar.

Tecnología y globalización: La digitalización ha permitido que las personas accedan a información y costumbres de todo el mundo, facilitando la transformación cultural.

Esta catarata de información, estudios, investigaciones a lo largo de los años y que aún siguen, muestran que <u>la herencia genética y cultural no es un destino fijo</u>, sino que <u>puede ser modificada</u> <u>por decisiones personales</u> y avances científicos.

Una y otra vez a lo largo de mi carrera docente e incluso fuera de ella, he escuchado lo que llamaría "poner etiquetas" y hasta "condenar a un destino fijo" a niños o adolescentes y por qué no adultos con frases como: "y qué querés con el padre que tiene…" y bueno, pero del lugar donde vive que esperabas…" o este es futuro delincuente…" "va a repetir la historia…" y cuantas más. Como si hubiera algo claramente predestinado o una condena dictaminada para… por cómo vive y de dónde viene. Y tristemente más de una vez esas sentencias se vuelven tan poderosas y creíbles que suceden…

¡Como verás "tenemos" el gran peso de lo heredado sea bueno o malo sea genético o el entorno en el que crecimos, pero una y otra vez está la posibilidad de que **"puede ser modificado"** y esa es la parte más increíble de todas!

¡Porque ahí mismo es donde siempre y bajo cualquier circunstancia, "podemos elegir"!

¿Qué hacemos con tanta información?

¿Cómo la ordenamos para nuestro beneficio?

¿Qué acciones tomamos para beneficiarnos de tantas pruebas fehacientes sobre las cosas que podemos aprovechar de lo heredado y también desechar para transformar nuestras vidas en algo positivo?

Craneemos un poco

Sé que muchas veces adoptamos la postura de que la familia es la que se elige y no aquella que por sangre hemos adquirido, aún así, es importante que hagas esta práctica para entender mejor de dónde venimos y desafiar hacia dónde queremos ir.…

**Sé que podemos ser versiones mejoradas de nuestros
antepasados, incluso nuevas versiones
de la versión que somos hoy.**

Trabajemos en ello.

"El famoso árbol genealógico", pero en otra forma. ¿Lo armamos?

(Podés agregar detalles como: profesiones, talentos, enfermedades, u otros datos que consideres relevantes, etc).

En el caso que no tengas datos de tu familia sanguínea, no te preocupes, sigue avanzando e intenta completar el esquema de tu herencia no de sangre, pero si de vínculos establecidos desde tu niñez, según vivencias y recuerdos)

Entorno social: amigos, trabajo, vecinos, pareja, compañeros de actividades ocasionales, talleres, clubes, espacios espirituales, contactos digitales con quienes compartís intereses (como redes sociales, etc.) Vínculos simbólicos o elegidos: Padrinos o guías espirituales, Figuras significativas que no tienen lazo biológico, pero sí un rol fuerte en tu identidad.

Genético/familiar: padre, madre, abuelos paternos y maternos, bisabuelos. Podemos agregar si quisiéramos: Hijos, Nietos (eventualmente) Hermanos/as, Tíos/as (hermanos/as de tus padres), Primos/as (No son ascendencia directa, pero completan el mapa de afectos y memorias compartidas.

Podés usar esta imagen o tomar una hoja aparte y dibujarlo más grande y que te quede más cómodo e ir investigando y completándolo de a poco hasta que lo veas y estés conforme con toda la data que conseguiste. Creo que hasta nos sorprenderíamos de la info que recolectamos.

¿Qué características creés que tenés y fueron heredadas? Hablamos no sólo de las físicas, talentos, de carácter, creencias, culturas, etc.

¿Podés construir tu lista? Te dejo ejemplos para que puedas guiarte.

Color de ojos, tono de piel, color y textura del cabello, rasgos faciales, forma de la nariz, labios gruesos o rostro, altura y peso, grupo sanguíneo, predisposición a enfermedades, rasgos de personalidad y comportamiento, valores y creencias, hábitos y costumbres, inteligencia y habilidades.

Vamos a completar un Mapa de Orígenes: Dibujá o marcá los países o regiones que aparecen en tus resultados. Podés usar colores o símbolos para identificar cada linaje.

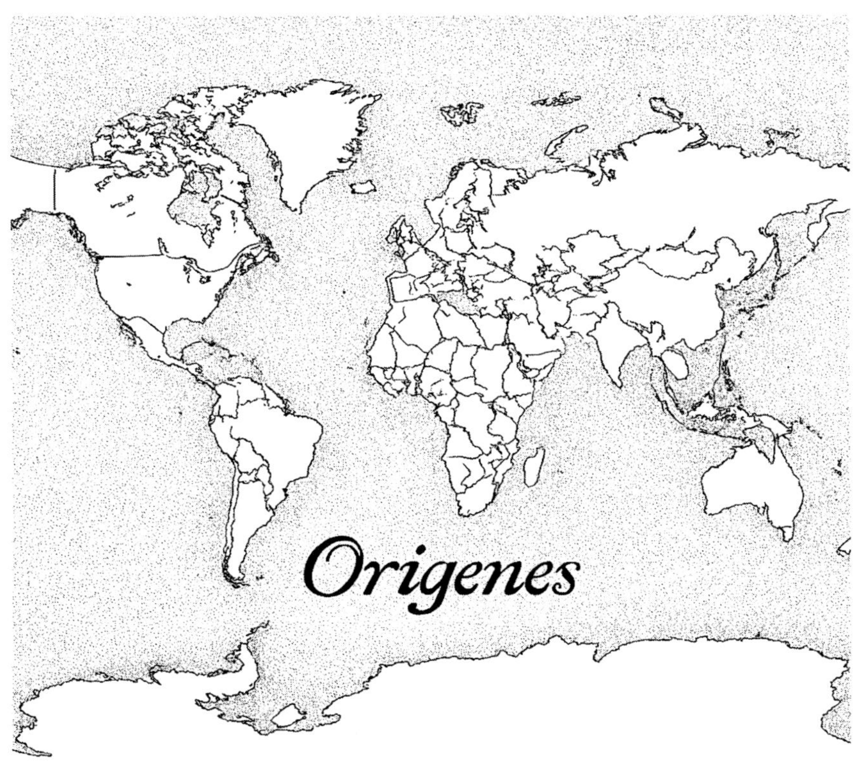

¿Te animás a armarte?

¿Jugamos un poco?
Te invito a dibujar, tal vez no lo hagas desde hace tiempo, pero animate, es bueno volver para jugar un rato, y disfrutalo tanto como yo. Dibujate tal cual te ves. Como te salga.

Ahora alrededor de tu dibujo, vas a escribir palabras que te describan e identifiquen, sean tuyas o heredadas, sean buenas o no, te gusten que estén en tu vida o no. ¡Y con un resaltador vas a destacar lo mejor que sentís que sos! ¡Todo lo positivo!

Volvé a mirarte a través de ese dibujo y ¡Da gracias! por quien sos, por la persona que estás creando, ¡Por quién te estás convirtiendo!

Reparar

"...Perdonar es la mejor manera de demostrar
cuánto te amas, no borra el pasado,
pero abre el espacio donde el alma puede soltar
el peso y ser libre..."

Era otra de esas noches muy frías; esos inviernos donde la escarcha rechina al caminar sobre el pasto congelado. El calentador apenas podía calefaccionar el lugar mientras que las chapas que hacían de ventanas dejaban escabullir el silbido del ruidoso viento. Nos acostábamos temprano, siempre con miedo de escuchar aquella puerta abrirse y aparecer como un fantasma mi papá, quien, cegado, por el vicio del alcohol, nos levantaba de la cama con azotes, o con mucha suerte, lográbamos huir las tres (mi mamá, mi hermana y yo) por la ventana y, pasar la noche en la calle se convertía en la mejor opción.

 Mi vida se inició en Paraná Entre Ríos en un barrio muy humilde, lo más similar a una villa, allí estuve hasta los 5 años viviendo con mi mamá, mi hermana, pero más que nada con mis abuelos maternos. Cuando mi padre reapareció en nuestras vidas, generó un caos en mi mente y corazón que llevó años de no sólo tristeza sino broncas y traumas muy violentos. Desde los 5 años en adelante todo fue un torbellino, un tsunami de experiencias que marcaron y marcarán mi vida para siempre. Pero en un momento de esa infancia, comencé a CREER, y esa fe me llevó a modificar muy lentamente mis pensamientos, aún hoy creo que lucho y trabajo en ciertas áreas donde quedaron secuelas. Pero todo lo que aprendí sobre el poder liberador del perdón, es lo que nace en mí la necesidad de transmitirlo porque creo que es clave para avanzar hacia la libertad.

¡¡¡Poder se puede!!!...

🖤 Data!:¡Historias que merecen que las leas!

- Nelson Mandela: Después de pasar 27 años en prisión por su lucha contra el apartheid, promovió la reconciliación en Sudáfrica en lugar de buscar venganza. Su capacidad de perdonar fue clave para la transición pacífica del país[19].

- Papa Juan Pablo II: En 1981, Mehmet Ali Ağca intentó asesinarlo. A pesar de ello, el Papa lo visitó en prisión y lo perdonó personalmente, mostrando un ejemplo de compasión y reconciliación[20].

- Desmond Tutu: Como líder religioso en Sudáfrica, promovió la Comisión de la Verdad y Reconciliación, donde víctimas y perpetradores del apartheid compartieron sus historias y buscaron el perdón mutuo[21].

- Samereh Alinejad: Una madre iraní que perdonó al asesino de su hijo en el último momento antes de su ejecución, mostrando un acto de misericordia que conmovió al mundo[22].

- La historia de perdón de Corrie ten Boom es uno de los testimonios más conmovedores del siglo XX. Durante la Segunda Guerra Mundial, Corrie y su familia, cristianos neerlandeses, escondieron a judíos perseguidos por los nazis en su casa. Fueron descubiertos y enviados a campos de concentración. Allí, su hermana Betsie murió a causa de los maltratos recibidos. Años después de la guerra, mientras predicaba en Alemania sobre el perdón, Corrie se encontró cara a cara con uno de los guardias más crueles del campo de concentración donde había estado presa. Él se había convertido al cristianismo y le pidió perdón. Corrie, paralizada por el recuerdo del sufrimiento, dudó... pero finalmente extendió la mano y lo perdonó, sintiendo que no era su fuerza, sino la de Dios, la que lo hacía posible[23].

Ese acto se convirtió en el símbolo de su mensaje: que el perdón no es un sentimiento, sino una decisión, y que incluso lo imperdonable puede ser sanado por la gracia.

💜 Data!**: "Un poco de historia", es muy bueno informarse:**

El origen del perdón como concepto humano tiene raíces profundas en la historia, la cultura y la espiritualidad.
Según la Real Academia Española y estudios lingüísticos, la palabra perdón proviene del latín:

- "per" = pasar por encima
- "donāre" = donar, regalar

Esto sugiere que el perdón es un acto de gracia, una renuncia voluntaria al castigo o al resentimiento, y un regalo que libera tanto al ofensor como al ofendido.

PRIMER REGISTRO HISTÓRICO DEL PERDÓN

El primer momento registrado en la historia en que un ser humano perdona a otro aparece en el relato bíblico de José y sus hermanos (Génesis 45) Este relato es considerado por el rabino Jonathan Sacks como el nacimiento del perdón humano en la historia.

💜 Data!: "¿Cómo se ve el Perdón?

- En la tradición judía y cristiana, el perdón se convierte en un valor central, vinculado a la justicia, la misericordia y la restauración.

- En la filosofía griega, el perdón no era tan valorado; se priorizaba la justicia retributiva.

- En la modernidad, el perdón se estudia desde la psicología, la neurociencia y la ética como una herramienta de sanación personal y social.

JOSÉ

Una historia de resiliencia, perdón y propósito.
La historia de José está ambientada en el antiguo Egipto, una civilización con una rica historia y cultura, narrada en el libro de Génesis de la Biblia, se sitúa en un contexto histórico que se discute entre los académicos,

pero generalmente se ubica en el período del Reino Medio de Egipto (aproximadamente 2000-1750 a.C.) o el período posterior de los Hicsos. José tenía 17 años cuando fue vendido injustamente como esclavo por sus hermanos. Esto ocurrió después de que sus hermanos lo odiaran por ser el favorito de su padre y por los sueños que José había tenido. Después de ser vendido, José fue llevado a Egipto. Allí, fue vendido a Potifar, oficial del faraón. Tras ser falsamente acusado por la esposa de Potifar, fue encarcelado. En prisión, interpretó sueños con precisión, lo que lo llevó ante el faraón, alcanzando gracia a sus ojos y así fue nombrado gobernador de Egipto, segundo en autoridad después del faraón. Durante una gran hambruna que azotó la tierra en aquellos tiempos, sus hermanos viajaron a Egipto en busca de alimento. José los reconoció, pero ellos no a él. Tras varias pruebas, José se reveló y los perdonó, diciendo: "Ustedes pensaron hacerme mal, pero Dios lo encaminó para bien" (Génesis 50:20).

Una experiencia traumática e injusta en nuestras vidas tiene consecuencias profundas y muchas veces duraderas, que seguramente afectan múltiples dimensiones en nuestras vidas; darle continuidad a ese dolor solo trae acarreado más dolor, pero también más problemas.

💜 Data!: **"Fíjate lo que dice la neurociencia sobre este asunto"**:

Secuelas emocionales y cognitivas

- Ansiedad, miedo persistente o ataques de pánico.
- Depresión, tristeza profunda o desesperanza.
- Pensamientos intrusivos o perturbadores relacionados con el evento.
- Bloqueo de recuerdos o dificultad para procesar lo vivido.
- Sentimientos de culpa, vergüenza o inseguridad, incluso si la persona no fue responsable.

Secuelas relacionales y sociales.

- Dificultad para confiar en otros.
- Aislamiento emocional o social.
- Problemas para establecer vínculos sanos.
- Reacciones defensivas o agresivas ante situaciones cotidianas.

Secuelas físicas y conductuales.

- Trastornos del sueño (insomnio, pesadillas).
- Fatiga crónica o somatización del estrés.
- Conductas de evitación (evitar lugares, personas o temas relacionados con el trauma).
- Adicciones o conductas autodestructivas como forma de escape.

Impacto en la identidad y el desarrollo.

- Alteración del sentido de propósito o autoestima.
- Dificultad para tomar decisiones o proyectarse hacia el futuro.
- Cambios en la percepción del mundo (verlo como peligroso, injusto o impredecible)[24].

El amor y el perdón se relacionan de una manera extraordinaria. Perdonar tiene mucho que ver con cuánto nos amamos a nosotros mismos y qué tan seguros nos sentimos con nuestras emociones y decisiones.
Cuando amás se activan los neurotransmisores como: Oxitocina y vasopresina, que fortalecen el vínculo emocional y la empatía. Y la dopamina, que genera placer y motivación para cuidar al otro.

<u>Y prestá atención a esto</u>: estos mismos sistemas se activan cuando perdonamos desde el afecto, lo que sugiere que el perdón es una forma de amor en acción.

¿Todo muy lindo, pero...Cómo lo hacemos?

Perdonar no es un acto instantáneo. Es un proceso, a veces largo, que comienza cuando reconocemos que el dolor existe, que nos ha marcado, y que merece ser escuchado. No se trata de negar lo que pasó, sino de darle un lugar, para que no lo ocupe todo.

Vayamos paso a paso:

Reconocer el dolor: Aceptá lo que ocurrió y cómo te afectó emocionalmente.

Comprender la situación: Tratá de ver el contexto y las razones detrás de lo sucedido.

Aceptar la imperfección humana: Todos cometemos errores, y entender esto puede facilitar el perdón.

Expresar tus emociones: Hablar sobre lo que sientes con alguien de confianza o escribirlo puede ayudar a liberar el peso emocional.

Tomar la decisión de perdonar: No significa justificar el daño, sino liberarte del resentimiento.

Practicar la empatía: Intentar ver la situación desde la perspectiva de la otra persona puede ayudar a sanar.

Soltar el pasado: Enfocate en el presente y en cómo querás avanzar sin cargar con el dolor.

Cultivar pensamientos positivos: Reemplazá el resentimiento con gratitud y aprendizaje.

Establecer límites saludables: Si es necesario, redefiní tu relación con la persona involucrada. (esto puede implicar tomar distancia, poner límites o simplemente no seguir teniendo una relación, pero si desde el perdón, para liberar y liberarte).

Buscar apoyo si es necesario: Terapia, meditación o grupos de apoyo pueden ser útiles en el proceso.

💜 Data!**:**

Y ...Por qué lo hacemos? voy a darte unos motivos muy prácticos y comprobables.

La neurociencia ha demostrado que el perdón tiene efectos profundos en el cerebro, ayudando a reducir el estrés y mejorar el bienestar emocional. Aquí algunos hallazgos clave:

- Reducción del estrés y la ira: Perdonar disminuye la actividad en la amígdala, la región del cerebro asociada con el miedo y la agresión.
- Activación de la corteza prefrontal: Esta área, relacionada con la toma de decisiones y la regulación emocional, se activa cuando una persona elige perdonar.
- Mayor empatía y conexión social: Estudios han encontrado que el surco temporal superior anterior está más desarrollado en personas que perdonan con facilidad, lo que les permite comprender mejor las emociones ajenas.
- Impacto en la salud física: El perdón reduce la presión arterial y mejora la función inmunológica, lo que contribuye a una mejor salud general.

Podemos concluir que **hay una vasta evidencia donde las ciencias coinciden en los beneficios del perdón** y los perjuicios de no hacerlo, es más, debería considerarse en la práctica clínica como herramienta de sanación emocional y física.

💜 Data: Conclusiones en base a la evidencia

1. El perdón **libera tanto al que lo recibe como al que lo ofrece**. Es una forma de soltar el peso del rencor, la culpa y el dolor, permitiendo que la persona recupere su paz interior.

2. El perdón es una expresión del amor profundo. Y en primer lugar hacia uno mismo. No significa justificar el daño, sino **resolver la herida sin perpetuar el resentimiento**, reconociendo que todos somos vulnerables y capaces de cambiar.

3. El perdón no tiene límites, debe ser **incondicional y repetido**, porque cada acto de perdón es una oportunidad de transformación. No se trata de contar ofensas, sino de **cultivar una actitud de liberación constante**.

4. El perdón genera más perdón, tiene un efecto multiplicador: **cuando alguien es perdonado, aprende a perdonar**. Es una cadena de sanación que puede transformar familias, comunidades y generaciones.

5. El perdón transforma la identidad, no sólo sana, sino que **reconfigura la forma en que una persona se ve a sí misma**. Quien ha sido perdonado, aprende a amar con más profundidad y a vivir con más propósito.

CRANEEMOS UN POCO

Carta de liberación: Escribí una carta a la persona que deseas perdonar (puede que sea a ti mismo u otro/s), expresando tus sentimientos.

Ejercicio de escritura: Dividí una hoja en dos columnas: en una, escribí lo que te hirió; en la otra, cómo podés transformar ese dolor en aprendizaje

Buscá un lugar que te sea agradable,
donde puedas estar solo y tranquilo.
Cerrá los ojos y realizá respiraciones profundas
(al menos 5, inspira y expira por la nariz)
Imaginá tu lugar favorito, indicando que no puedes disfrutarlo
a causa de esa carga, es la representación del peso que causa no
haber practicado aún el perdón.
Imaginá a la persona que necesitas perdonar,
llegá hasta él/ella y manifestá tu perdón.
Decí en voz alta: "Yo te perdono de corazón que me hayas...
Yo te perdono de corazón por haber...
Yo te perdono de corazón porque..."

TRABAJEMOS Y JUGUEMOS UN POCO

Arte terapéutico: Dibujá, pintá, recortá letras, imágenes, y creá una obra que represente tu proceso de sanación y transformación. Busca las frases sobre el perdón, (que están a continuación anexadas) elegí una, dos o todas y agregalas a tu collage.

Reflexiones cortitas pero muy valiosas para recordar, podés usarlas en tu collage, copiarlas y pegarlas en algún lugar donde lo visualices a diario, como la heladera, el espejo del baño, etc

"El perdón no cambia el pasado, pero amplía el futuro." – Paul Boese	"Perdonar es liberar a un prisionero y descubrir que el prisionero eras tú." – Lewis B. Smedes
El perdón es el aroma que las violetas desprenden en el talón que las aplastó." – Mark Twain	"Perdonar no es olvidar, es recordar sin dolor y sin rencor." – Gabriela Mistral
"Perdona siempre a tu enemigo. No hay nada que le enfurezca más." – Oscar Wilde	"Perdonen y serán perdonados." Jesús
"El perdón es una decisión, no un sentimiento; es un acto de voluntad, no una emoción." – Martin Luther King Jr.	"No te digo que perdones sólo siete veces, sino setenta veces siete." Jesús

Increíblemente Yo

"Aquello que te hace único,
te despierta el alma, y te completa"

Efecto libertad

Como ya te conté, mucho tiempo me enojé con mi herencia genética, porque provenía mayormente de la persona a la que más llegué a odiar en este mundo. Pero como efecto dominó, cuando comencé a CREER, comencé a sanar, y cuando comencé a sanar, cambiaron y siguen cambiando hasta hoy pensamientos, estructuras, actitudes, y ese velo de traumas y tristezas que te anula la razón, poco a poco va cayéndose. Empecé a ver con claridad que las cosas que heredé como talento, eran maravillosas, comencé a aceptarlas y transformarlas para bien, para disfrutar, para dar, ayudar, cambiar mi pequeño gran mundo que me atraviesa. Y al igual que mi padre, hoy me gusta crear, escribir, cantar y tocar instrumentos musicales. Si no hubiera sanado, esos talentos estarían bajo candado en el baúl de mis resentimientos y heridas, al perdonar, encontré la llave para liberarlos.

También recuerdo que durante mis años de docencia pasaron gratamente miles de niños, lamentablemente el sistema educativo no tiene un apartado para incentivarlos y darnos la libertad de trabajar los talentos de los niños. Cuando leí la frase de Einstein: "Todos somos genios, pero si juzgas a un pez por su habilidad de escalar un árbol, vivirá su vida entera creyendo que es estúpido.", mi corazón estalló, y pensé en comenzar a indagar en los niños sus habilidades logrando descubrir en ellos cosas realmente fantásticas que dieron origen a clases (siempre que pude adaptarlas) muy entretenidas, divertidas y de un aprendizaje extraordinario. (Cambiaría tantas cosas del sistema educativo, si pudiera, que impactarían para bien y para lo único que debiera importarnos que es el cuidado integral de los niños).

🖤 Data!: "¡Ahora sorprendete un poco con la evidencia!"

Vincent van Gogh: Aunque hoy es considerado uno de los más grandes pintores de la historia, en vida apenas vendió una obra y fue ignorado por el mundo del arte. Su talento fue reconocido después de su muerte.

<u>Albert Einstein:</u> De niño, sus maestros pensaban que tenía dificultades de aprendizaje. Más tarde revolucionó la física con su teoría de la relatividad.

<u>J.K. Rowling:</u> Su manuscrito de *Harry Potter* fue rechazado por múltiples editoriales antes de convertirse en un fenómeno mundial.

<u>Oprah Winfrey:</u> Fue despedida de su primer trabajo en televisión porque "no era apta para la pantalla". Luego se convirtió en una de las figuras más influyentes de los medios.

<u>Edgar Allan Poe:</u> Su obra fue poco apreciada en vida, pero después de su muerte se convirtió en un referente de la literatura gótica.

<u>Frida Kahlo:</u> Aunque su arte no fue ampliamente reconocido en su época, hoy es una de las artistas más icónicas de México y el mundo

<u>Diana Nyad:</u> A los 64 años, se convirtió en la primera persona en nadar desde Cuba hasta Florida (unos 177 km) sin jaula protectora contra tiburones, sin descanso y enfrentando medusas venenosas, corrientes traicioneras y la oscuridad del océano. Su travesía duró casi 53 horas y fue el resultado de más de 30 años de intentos y sueños postergados. Al llegar a la costa, dijo una frase que se volvió símbolo de su historia: "Nunca eres demasiado viejo para perseguir tus sueños."

🖤 Data!: "Talento + perseverancia + esfuerzo"

¿Pero fue sólo su talento el que los llevó a ese lugar?

<u>Resiliencia ante la adversidad:</u> J.K. Rowling enfrentó múltiples rechazos antes de publicar *Harry Potter*, y Walt Disney superó fracasos financieros antes de construir su imperio.

<u>Persistencia y oportunidad:</u> Harrison Ford trabajó como carpintero antes de ser descubierto en Hollywood, y Michael Jordan fue rechazado de su equipo de baloncesto en la escuela antes de convertirse en una leyenda.

<u>Dedicación a la pasión:</u> Stephen King fue rechazado repetidamente antes de publicar su primera novela exitosa, pero nunca dejó de escribir.

<u>Innovación y creatividad:</u> Steve Jobs y Elon Musk revolucionaron sus industrias al apostar por ideas innovadoras y tecnología avanzada.
<u>Educación y aprendizaje continuo:</u> Oprah Winfrey aprovechó becas de estudio para avanzar en su carrera, y Jack Ma se formó en tecnología para fundar Alibaba.

Ahora bien, todos tenemos un talento, algo que nos apasiona y nos sale super bien...pero debemos utilizarlos, desarrollarlos, ser responsables y negociarlos. **El talento guardado en el baúl de la comodidad, no sirve de nada.**
La herencia de los talentos es un tema fascinante que combina genética, neurociencia y psicología. Si bien ciertos aspectos de la habilidad humana tienen una base genética, el entorno juega un papel crucial en su desarrollo.

💜 Data!: "Genética y talentos"

Iván Martínez-Duncker. Fuente: Martha Debayle, entrevista con el genetista Iván Martínez-Duncker

Hallazgos clave:
La genética puede explicar entre el 30% y el 80% de la variabilidad en ciertas aptitudes como la **inteligencia**, la **musicalidad** y el **rendimiento atlético**.
Entonces: sí hay predisposición genética para ciertas habilidades.
Estas habilidades son poligénicas, es decir, no dependen de un solo gen, sino de la interacción de muchos genes pequeños.

💜 Data!:El misterio detrás del talento: ¿se puede desarrollar?

Fuente: Neuropsicóloga Teresa Torralva:
"El talento no es innato ni estático; se puede entrenar y potenciar con conocimiento de uno mismo y trabajo emocional".

Iván Martínez-Duncker:destacado genetista mexicano, especializado en biología molecular, glicobiología y medicina genómica:
"La genética influye, pero el entorno y la disciplina son claves para que el talento florezca".
Existe una predisposición genética para ciertas habilidades cognitivas, físicas y artísticas.
La neuroplasticidad también juega un papel clave en el desarrollo del talento.
Pero el talento también se cultiva:
• No basta con tener buena genética: el talento necesita entrenamiento, disciplina, motivación y contexto cultural para desarrollarse.
• Por ejemplo, alguien puede tener predisposición para la música, pero si no tiene acceso a instrumentos, formación o estímulo, ese talento puede no florecer

No existe un "gen del talento". Los genes pueden predisponer a una persona a tener cierta facilidad en un área, pero no garantizan el éxito en ella.

💜 Data!: "El entorno"

El papel del entorno:

La exposición a estímulos adecuados, la educación y la práctica son esenciales para el desarrollo de un talento. Un niño con predisposición a la música, por ejemplo, puede no desarrollar esa habilidad si nunca tiene acceso a instrumentos o formación adecuada.
Además, la interacción entre genética y ambiente se ve reflejada en estudios sobre epigenética, donde ciertos factores pueden activar o desactivar la expresión de determinados genes relacionados con habilidades cognitivas o artísticas.

Efecto libertad

Casos de estudio

Familias de músicos: Se han observado linajes donde varios miembros destacan en el arte, combinando genética y un entorno enriquecedor.

Atletas de élite: Algunas características físicas heredadas pueden ayudar, pero sin entrenamiento adecuado, el talento no se manifiesta plenamente.

Científicos y académicos: Un ambiente estimulante con acceso al conocimiento puede potenciar una predisposición genética a la lógica o la abstracción.

El **entorno** juega un papel fundamental en el desarrollo de los talentos, complementando la predisposición genética con estímulos, oportunidades y vínculos que permiten que las habilidades florezcan. Aquí te explico cómo y te comparto fuentes concretas:

¿Cómo influye el entorno en los talentos?

1. **Estimulación temprana**
Los niños que crecen en ambientes ricos en estímulos (arte, música, lenguaje, juego) desarrollan más fácilmente habilidades cognitivas, motrices y creativas.
La calidad del entorno familiar y educativo puede potenciar o limitar el desarrollo de talentos innatos.

2. **Modelos y vínculos**
El entorno ofrece **referentes**: adultos que inspiran, enseñan y validan las habilidades del niño.
La presencia de vínculos seguros y afectivos favorece la **autoestima**, la curiosidad y la perseverancia.

3. **Acceso a oportunidades**

El talento necesita práctica, recursos y tiempo. Un entorno que ofrece acceso a talleres, libros, instrumentos o espacios de expresión permite que el talento se convierta en habilidad.

4. **Resiliencia y adversidad**

Según el empresario Alejandro Kasuga, las **adversidades moderadas** en el entorno pueden fortalecer el carácter y la capacidad de liderazgo, como se explica en su charla TEDx sobre formación de líderes. Fuentes recomendadas[25].

💜 Data!: "¡¿Autodidactas?!"

También debo admitir que, **sí es posible que personas talentosas sobresalgan sin recibir estímulos externos**, pero con importantes matices. Aquí te explico lo que dice la evidencia:

1. Talento innato y motivación intrínseca
Las personas con **altas capacidades o superdotación** suelen tener:
Curiosidad natural y deseo de aprender por sí mismas
Pensamiento abstracto y creativo
Memoria excepcional y rapidez para adquirir conocimientos
Estas cualidades pueden llevarlas a sobresalir incluso sin apoyo externo, simplemente **haciendo lo que les sale bien.**

2. Riesgos de la falta de estímulo
Sin embargo, la ausencia de estímulo o acompañamiento puede generar:
Frustración, aburrimiento o desmotivación
Dificultades sociales o emocionales
Desaprovechamiento del potencial
El talento necesita **canales de expresión, reconocimiento y desafío** para desarrollarse plenamente.

3. Casos reales

Muchos genios autodidactas (como Ramanujan en matemáticas o Mozart en música) mostraron talentos extraordinarios desde muy jóvenes, incluso sin formación formal. Pero en todos los casos, **el entorno terminó siendo clave** para que su talento se expandiera. Fuente recomendada[26].

PARÁBOLA DE LOS TALENTOS

La obra que más tiempo ha permanecido como bestseller en la historia de la humanidad, si consideramos su impacto sostenido y ventas acumuladas, habla de los talentos en varios contextos, pero uno de los pasajes más conocidos es la "Parábola de los Talentos", que aparece en Mateo 25:14-30. En este relato, Jesús cuenta la historia de un hombre rico que confía su dinero (llamado "talentos") a tres siervos antes de emprender un viaje. Cada siervo recibe una cantidad diferente y debe administrarla sabiamente. Los siervos que multiplicaron sus talentos fueron recompensados, mientras que el que escondió el suyo, (no lo utilizó) le fue quitado, lo perdió.
Esto se interpreta como un llamado a desarrollar nuestras habilidades y ponerlas al servicio de los demás. Este relato milenario tiene sustento científico.

💜 Data!: ¿Se pierden los talentos?

Según estudios y expertos en psicología educativa, **el talento que no se cultiva tiende a perderse o quedar oculto**, especialmente en personas con altas capacidades. Aquí te explico los hallazgos más relevantes:

Francoys Gagné – Modelo Diferenciado de Dotación y Talento

- **Dotación:** es el potencial natural (aptitudes innatas)

- **Talento:** es el resultado del desarrollo sistemático de esas aptitudes
- Si el potencial no se cultiva, **no se convierte en talento**. Crónicas de una mujer imperfecta

Javier Tourón – Catedrático en Educación

- "Una persona no es de alta capacidad, sino que **tiene alta capacidad como potencia**, que se desarrolla con esfuerzo, trabajo y un entorno que lo posibilite."
- Sin estímulo, el talento puede **no manifestarse nunca**, aunque exista.
El Periódico – Altas capacidades.

Ana Mónica Chérrez – Universidad Pública de Navarra

- El talento está mediado por factores como **la familia, el colegio, la personalidad y los intereses.**
- Si no se detecta ni se acompaña, puede **desarrollarse de forma despareja o incluso bloquearse**.
Cambio 16 – Talentos y altas capacidades

Entonces ¿Se pierde del todo?

No necesariamente. El talento puede **permanecer latente**, pero sin práctica, estímulo o reconocimiento, **no se convierte en competencia real**. Es como una semilla que nunca germina: tiene vida, pero no florece.

💜 Data!: ¡¡¡ testimonios inspiradores de personas talentosas que han superado obstáculos y alcanzado el éxito!!!

- Walt Disney: Fue despedido de un periódico por "falta de imaginación y buenas ideas", pero perseveró y creó uno de los imperios del entretenimiento más grandes del mundo.

- J.K. Rowling: Antes de que su serie de libros de *Harry Potter* se convirtiera en un fenómeno mundial, enfrentó dificultades financieras y múltiples rechazos editoriales.
- Oprah Winfrey: Superó una infancia difícil y el rechazo profesional para convertirse en una de las mujeres más influyentes en los medios de comunicación.
- Michael Sayman: A los 13 años diseñó su primera aplicación y antes de los 18 ya tenía un contrato con Facebook. Hoy es un exitoso desarrollador de software.
- Katie Ledecky: Con sólo 20 años, acumuló más de veinte medallas de oro en Juegos Olímpicos y Mundiales de Natación, rompiendo varios récords.
- Lionel Messi: Nació en Rosario, Argentina, en 1987. Desde pequeño, el balón parecía parte de su cuerpo. A los 11 años, fue diagnosticado con una deficiencia hormonal que afectaba su crecimiento. Su familia no podía costear el tratamiento, pero su talento era tan deslumbrante que el FC Barcelona apostó por él, ofreciéndole ayuda médica y un lugar en su cantera. A los 13 años, dejó su país y su familia para vivir en España. Seguramente enfrentó soledad, nostalgia y presión, pero su amor por el fútbol lo sostuvo. Debutó con el primer equipo a los 17 años y comenzó a escribir una historia legendaria. Con el Barcelona ganó 10 Ligas, 4 Champions League, 7 Copas del Rey, y se convirtió en su máximo goleador histórico. Su estilo: visión, agilidad, humildad y magia.
Ganó 8 Balones de Oro, y redefinió lo que significa ser un genio del deporte. Durante años, fue criticado por no lograr títulos con la selección de su país. Perdió finales, lloró en silencio, pensó en renunciar. Pero en 2021, ganó la Copa América, y en 2022, alcanzó la gloria máxima: ganar el Mundial de Qatar.

Messi también es símbolo de esfuerzo silencioso, de resiliencia ante la adversidad. Fundó la Fundación Leo Messi, ayudando a niños vulnerables.

Hoy, con 38 años, sigue inspirando con cada pase, cada gesto, cada historia que nace de sus pies.

Su vida es un testimonio de que el talento necesita esfuerzo para florecer, y que los sueños no tienen edad ni límites.

"Estos testimonios muestran que el talento, combinado con esfuerzo y perseverancia, ¡puede llevar al éxito!"

🖤 Data!: ¡Dejemos esto en claro!¿Qué es un talento?

El talento, según expertos, se define como una capacidad innata o adquirida, que se manifiesta en características, aptitudes y capacidades intelectuales que permiten a una persona sobresalir en una actividad, logrando resultados sobresalientes.
Esta capacidad puede ser heredada o desarrollada a través de la experiencia y el aprendizaje.
Aquello que la ciencia no puede explicar
"No sé cómo lo hace, pero lo hace".

Si no te la creés (CREER)
Y no tenés ganas (QUERER)
Y no lo ejecutás (PRACTICAR):

¡No hay manera de que tu talento fluya!

CRANEAR

Craneemos un poco
Primero completá la parte izquierda de este cuadro

<table>
<tr><td>

Yo

¿Cuáles son las cosas que yo hago bien? ¿En qué soy bueno? ¿Qué me sale bien?

</td><td>

¡Respondeme estas preguntas xfa! ¡Sé lo más sincero posible! ¡Gracias!

1) ¿Qué cosas pensás que hago bien?

2) ¿en qué crees que soy muy bueno?

3) ¿Cuál crees que es mi talento?

</td></tr>
</table>

Ahora vamos por la parte derecha del cuadro y reforcemos nuestras ideas
Te propongo que elijas entre personas que te conocen más y les hagas una encuesta (anexada abajo)
Al finalizarla, pegala al lado de la tuya en el cuadro y fíjate cuáles son las coincidencias.

¡Respóndeme estas preguntas xfa! ¡Sé lo más sincero posible!

¡Gracias!
1)- ¿Qué cosas pensás que hago bien?

----
2)- ¿En qué creés que soy muy bueno?

----
3)- ¿Cuál creés que es mi talento?

"Tu talento no es sólo lo que hacés bien, sino lo que te hace bien cuando lo hacés."

Yo creo que, tal cual lo expresó Einstein:, "todos somos genios en algo" y cuando lo descubrimos, podemos brillar en eso. ¡También creo que hay personas que pasan por esta vida sin explotar ese talento y se pierden de disfrutar de cosas extraordinarias!

... Elige quien quieres ser...

Canon
y rutinas

"Lo que te habita, te transforma"

Recuerdo de adulta ir a un kinesiólogo osteópata porque me sentía tan estresada que las sesiones que ya había tomado una y otra vez no causaban el efecto deseado. Para mi sorpresa, cuando comenzamos la sesión de masajes comenzó hablándome de mi pasado, y con toda la estructura que mentalmente cargaba y siendo sincera un poco me molestó que solicitara indagar ese aspecto de mi vida. Como no le di pie a seguir me dijo: -Silvia, seguramente de niña has tenido mucho miedo, adoptaste muchas veces la posición fetal, como intentando cubrirte y permanecer a salvo, eso generó contracturas musculares múltiples y aún dolores crónicos que se sostienen y profundizan en el tiempo. Por supuesto me recomendó una larga lista de cosas para hacer, entre ellas, yoga, alimentación sana, odontólogo, terapia, etc.; para comenzar a revertir aquellos efectos que finalmente se habían hecho visibles a través de mi cuerpo físico.

No solo salí sorprendida del lugar sino que comencé a pensar, buscar información e indagar si todo este caudal de datos podría ser factible en mi vida.

💜 Data!: "Hábitos afectados"

La violencia y abuso infantil, los eventos traumáticos y sin resolver, según la psicología trae acarreada muchas consecuencias que **afectan la generación de hábitos en los niños y que se trasladan a la vida adulta.** Existen efectos psicológicos que interfieren con hábitos saludables

- Autoestima deteriorada: El maltrato puede generar una imagen negativa de sí mismo, lo que dificulta priorizar el cuidado personal, como una alimentación equilibrada o el ejercicio físico.
- Trastornos emocionales: Ansiedad, depresión o trastornos de la conducta alimentaria son comunes en adultos que fueron maltratados en la infancia.

- Desregulación del estrés: El sistema nervioso puede quedar hipe-ractivado, afectando el sueño, la digestión y la capacidad de mantener rutinas saludables.
- Relaciones disfuncionales: La dificultad para establecer vínculos sanos y seguros puede llevar a hábitos sociales poco saludables o aislamiento.

Una historia que aún duele contar

Conocí una vez un niño hermoso, como todos los niños, divertido, cariñoso. Él tenía un problema con su alimentación. Cada vez era peor, tenía una relación difícil con la comida, como tantos chicos que buscan consuelo en lo que tienen a mano: papas fritas, milanesas y todas esas cosas ricas que a esa edad temprana les gusta, pero que no siempre suelen ser saludables. Pasó el tiempo y tristemente fue un caso conocido, falleciendo a una joven edad, con un sobrepeso que lo llevó a tener fallas múltiples, su cuerpo no pudo más, y su partida dejó un silencio que aún duele. Al nombrarlo hoy, entre estas letras, no puedo dejar de volver a sentir la misma tristeza que sentí aquel día cuando me enteré de su partida.
Me preguntaba qué señales no vimos, qué podría haber cambiado el rumbo. Porque a veces, el dolor se disfraza de costumbre, y nadie lo nota a tiempo. Qué lo habrá puesto en aquel lugar de irreversibilidad, puesto que no logró ver y solucionar lo que lo llevó a esta tragedia.
(Este relato está inspirado en una historia real. El nombre ha sido omitido para preservar la intimidad de quienes la vivieron. Está escrito desde el respeto y el deseo de comprender, no de juzgar).

Los hábitos y las emociones

- Alimentación:
Tema que me atraviesa demasiado. Cuando era niña tuve hepatitis.

Siempre le atribuí a esa enfermedad mis descomposturas de hígado, pero después de muchos años entendí que también existe evidencia desde la medicina tradicional china que afirma que:

- Según la MTC (Medicina Tradicional China), el hígado está asociado con la emoción de la ira. Cuando esta emoción se reprime o se expresa en exceso, puede provocar un bloqueo del flujo de energía (Qi) y afectar el funcionamiento del órgano.
- Este estancamiento puede manifestarse en síntomas físicos como tensión muscular, dolores de cabeza, insomnio o problemas digestivos.

Y aunque la medicina occidental no asocia directamente emociones con órganos específicos, sí reconoce que el estrés crónico y las emociones intensas afectan la salud hepática.

Diversos estudios han demostrado que el estrés emocional puede:

- Aumentar los niveles de cortisol y otros mediadores inflamatorios

- Alterar el metabolismo hepático y favorecer condiciones como el hígado graso no alcohólico

- Afectar la función inmunológica, lo que puede influir en la capacidad del hígado para desintoxicarse.

Más recuerdos, más asociaciones

Cuando nos vinimos de Paraná, Entre Ríos, lugar donde ya te conté que nací y me crié muy felizmente junto a mi mamá, hermana, abuelos y tíos maternos. Por aquel entonces, a mis 5 años recién cumplidos, mi papá reapareció en nuestras vidas y convenció a mi mamá para irnos a vivir a un pueblo a más de 800 km. de distancia. Que para aquellos tiempos (hace unos 50 años atrás) y en la situación económica en la que nos encontrábamos era mucho más la distancia percibible. Cuando salí de aquel lugar que me vio dar mis primeros pasos, y ver a mis abuelos despedirse con sus ojos sumidos en una mezcla de desesperación y desconsuelo, intentando que, a mi tan corta edad no lo notara, pero al ser recíproco lo pude percibir. Comencé a llorar con una tristeza tan profunda, con una bronca de sensaciones encontradas como de injusticia y preguntas sin respuestas, que ese llanto logró durar tanto tiempo que enfermé, levanté mucha fiebre, terminé en la pediatra, quien luego de hacerme los estudios pertinentes, concluyó que lo mío sólo era tristeza, que ya se me pasaría. Así, y durante mucho tiempo sólo esperaba el momento del reencuentro con mis abuelos, a veces una vez al año, o las llamadas telefónicas a la casa de nuestra vecina, quien era la única en el barrio que tenía teléfono y cuya solidaridad permitía que pudiéramos nosotros y otros vecinos hacer uso de lo que significaba para mí un tesoro, un bálsamo en medio de mi pequeño, gran desierto.

Así que, yo considero que muy probablemente haya una mezcla u origen de mis problemas de hígado en mis situaciones traumáticas de la niñez.

Tema en cuestión. "Me encanta comer". Esto me he dicho siempre como un susurro a mi oído, y como esa frase, miles más: "me lo merezco, de algo hay que morir", etc. Pero la realidad es que si no tomamos conciencia de cuánto afectamos nuestra salud al no cuidarnos, lo bien que nos sentimos cuando lo hacemos, lo poco que nos queremos al descuidarnos y las personas a las que afectamos con nuestra actitud, esto es un verdadero efecto dominó y a corto o largo plazo veremos sus consecuencias.

💜 Data: Prestemos atención a la información y evidencias

La relación entre emociones y enfermedades está respaldada por múltiples estudios científicos que han explorado cómo los estados emocionales influyen en la salud física y mental.

Efecto libertad

¿Cómo se conectan?
• Las emociones activan el sistema nervioso, que a su vez influye en el sistema inmunológico, endocrino y digestivo.
• El estrés crónico, la tristeza profunda o la ira reprimida pueden alterar el equilibrio hormonal y provocar síntomas físicos.
• Según la psiconeuroinmunología, emociones sostenidas como el miedo o la frustración pueden debilitar las defensas y favorecer enfermedades.

Ejemplos de emociones vinculadas a enfermedades

Emoción	Posible manifestación física
Tristeza profunda	Dolor en el pecho, fatiga, inmunidad baja
Ira reprimida	Hipertensión, problemas hepáticos, migrañas
Miedo constante	Dolores musculares, insomnio, problemas digestivos
Culpa	Dolores de espalda, problemas gástricos
Ansiedad	Palpitaciones, sudoración, colon irritable

¡Sigamos sorprendiéndonos! 💜Más Data!

Hallazgos científicos destacados

Estudio / Fuente	Conclusión principal
Redalyc - Suma Psicológica	Las emociones negativas son factores de riesgo para enfermedades físicas y mentales.
Universidad de las Islas Baleares	Las emociones afectan el bienestar de pacientes crónicos, ansiedad y depresión empeoran el pronóstico
Centro Humanista - Neuroeducación	La conexión cuerpo-mente-emoción influye en la calidad de vida y en la aparición de síntomas físicos.
UNAD - Trabajo monográfico	El estrés emocional puede desencadenar enfermedades físicas a través de mecanismos inconscientes.

Es obvio que la ciencia confirma que **las emociones no sólo afectan cómo nos sentimos, sino también cómo nos enfermamos o sanamos.**

💜 Data! Mapa corporal emocional
(según estudio de la Universidad de Aalto).

Investigadores finlandeses crearon un mapa que muestra cómo las emociones se sienten en distintas partes del cuerpo[28].

Emoción	Zona corporal más activada
Felicidad	Todo el cuerpo, especialmente pecho y rostro
Miedo	Pecho y estómago.
Ira	Brazos, pecho y cabeza.
Tristeza	Corazón, estómago y hombros.
Amor	Pecho y abdomen
Ansiedad	Pecho y zona abdominal

¡¡Y más!!
💜 Data!: "Los hábitos y normas son necesarios":

Las estadísticas demuestran que tanto las normas como los hábitos son fundamentales para el desarrollo individual y social. Cumplir las normas y formar hábitos saludables son elementos clave para una vida plena y satisfactoria.

Vivimos en un mundo cada vez más adaptado al desorden, desarreglo de horarios, hábitos y con el lema "las reglas se hicieron para romperlas", sin darnos cuenta que son sumamente necesarias establecerlas claramente para una mejor calidad de vida. Por suerte existen las instituciones (como las educativas, clubes, etc.) que cumplen parte de la función que en muchos casos deja de cumplir la familia o la persona si ya es adulta.

"Los hábitos no tienen edad".

La neuro plasticidad es la capacidad que tiene el cerebro para adaptarse, reorganizarse y cambiar su estructura y funcionamiento a lo largo de la vida, en respuesta a experiencias, aprendizajes, estímulos o incluso lesiones.

Esto significa que nuestras neuronas pueden formar nuevas conexiones, fortalecer las existentes o eliminar las que ya no se usan. Por ejemplo, cuando aprendés un nuevo idioma, practicás un instrumento o cambiás un hábito, tu cerebro literalmente se transforma para adaptarse a esa nueva actividad.

Hay dos tipos principales:

- Neuro plasticidad positiva: fortalece y crea nuevas conexiones neuronales.
- Neuro plasticidad negativa: elimina conexiones que no se utilizan, lo que también puede ser útil para optimizar el funcionamiento cerebral.

Lo más fascinante es que este proceso no se limita a la infancia. **Aunque el cerebro es más plástico en los primeros años, sigue siendo moldeable en la adultez e incluso en la vejez. Es como si tu mente tuviera una capacidad innata para reinventarse constantemente.**

La idea de que se necesitan 21 días para formar un hábito es un mito. Según estudios científicos, el tiempo real varía entre 18 y 254 días, con un promedio de 66 días para que un comportamiento se vuelva automático.

Hay factores que claramente influyen en la formación de hábitos tales como:

- Complejidad del hábito: Hábitos simples, como beber agua después de comer, pueden establecerse más rápido que hábitos complejos, como hacer ejercicio regularmente.

- Frecuencia y constancia: La repetición diaria acelera el proceso de automatización.
- Entorno y motivación: Un ambiente favorable y un propósito claro facilitan la consolidación del hábito.

Cómo acelerar la formación de un hábito

- Asociarlo con una rutina existente (ejemplo: hacer ejercicio después de despertarse).
- Empezar con pequeños pasos (ejemplo: leer 5 minutos al día antes de intentar leer 30).
- Ser flexible: Fallar un día no significa perder el progreso.
- Reforzar con recompensas: Celebrar pequeños logros ayuda a mantener la motivación.

💜 Data:

La neurociencia ha demostrado que los hábitos son patrones automáticos de comportamiento que se forman a través de la repetición y la asociación entre estímulos y respuestas. Estos procesos ocurren en el cerebro mediante la activación de circuitos neuronales específicos, especialmente en los ganglios basales, una región clave para la consolidación de hábitos. (buenos o malos)
Algunos hallazgos importantes incluyen:

- La repetición fortalece los hábitos: Cuanto más se repite una acción, más automática se vuelve, reduciendo la necesidad de esfuerzo consciente.
- El sistema de recompensa influye en la formación de hábitos: Si una acción genera una sensación positiva, es más probable que se repita en el futuro.
- Los hábitos pueden ser modificados: Aunque los hábitos arraigados son difíciles de cambiar, la neurociencia sugiere que es posible

reemplazarlos con nuevas rutinas mediante la reestructuración de asociaciones neuronales

Todo muy lindo no? Pero ¿Cómo lo hacemos realmente?

Vamos a abordar 5 cuestiones básicas:

- Descanso.
- Ayuno y alimentación.
- Respiración.
- Movete.
- Desintoxicación digital.

Descanso

Voy a dejarte un itinerario que tendrás que adaptar/moldear, recrear según tu día a día.
En esto estamos todos de acuerdo ¿no? Nuestro día tiene 24 hs. Para todos, Si o si. De esas debemos:

Descansar: aunque varía según la edad y actividad que realices, (y hay excepciones a la regla claro) hay un consenso científico en que las horas que debes dormir son;

Recién nacidos 0-3 m	14-17
Bebés 4-11 m	12-15
Niños pequeños 1-2	11- 14
Preescolares 3-5 a	10-13
Escolares 6-13	9 -11
Adolescentes 14-17	8-10
Adultos 18-64	7-9
Adultos mayores 65+	7-8

Dormir menos de 7 hs durante períodos prolongados se asocia con:

- Mayor riesgo de enfermedades cardiovasculares
- Problemas de memoria y concentración
- Mayor probabilidad de ansiedad y depresión
- Aumento de peso y riesgo diabetes tipo 2
- Sistema inmunológico debilitado

Ojo: Dormir menos de lo necesario (o incluso más de lo necesario) puede afectar la salud física y mental. Así que para empezar es sumamente importante que resuelvas el tema de descansar sí o sí porque el efecto dominó es real. A corto o largo plazo.

💜 Data!: "Inemuri"

(¡me encantó y no entiendo como nosotros no lo implementamos!)
En Japón existe una práctica llamada "inemuri", que literalmente significa "estar presente mientras se duerme". Aunque parezca contradictorio, esta siesta breve y estratégica tiene una base cultural y científica bastante interesante:
Beneficios cognitivos comprobados: Estudios publicados en revistas como *Sleep Health* y *Scientific Reports* han demostrado que siestas cortas de entre 10 y 30 minutos pueden:

- Mejorar la memoria y la concentración
- Reducir el estrés
- Aumentar la creatividad y la toma de decisiones
- Ralentizar el envejecimiento cerebral

Cultura del esfuerzo: En Japón, quedarse dormido brevemente en el trabajo no se ve como pereza, sino como una señal de compromiso. Se interpreta que la persona ha trabajado tanto que necesita un pequeño descanso para seguir rindiendo.

No interrumpe la productividad: A diferencia de una siesta tradicional, el inemuri no requiere acostarse ni desconectarse por completo. Puede hacerse sentado, en el transporte público o incluso en una reunión, siempre que no interfiera con las responsabilidades.

Equilibrio entre eficiencia y bienestar: Esta práctica refleja una visión más amplia del bienestar laboral, donde se reconoce que el descanso breve puede ser una herramienta para mantener la productividad sin agotar al trabajador.

¿Lo practicamos?

Tu mini ritual de inemuri creativo

Duración: 10 a 20 minutos
Espacio sugerido: tu rincón creativo, frente a una ventana, un espacio en lo posible agradable y tranquilo.

1. Entrada simbólica
   • Cerrá los ojos, Visualizá una de tus piezas de rompecabezas internas desprendiéndose suavemente... no porque falte algo, sino porque es el momento de darle aire a tu mente.

2. Micro descanso consciente
   • Sentáte con una postura relajada, podés estar sentado, acostado o como quieras y puedas. Cerrá los ojos unos minutos.

- Respiración 4-4-4-4: Inhalá 4 seg, retené 4, exhalá 4, pausa 4.
- Repetilo 4 veces
- No intentes pensar en nada. Permití que las imágenes mentales fluyan, como si las olas del mar interior arrastraran pensamientos sueltos y los devolvieran reformados.

3. Regreso simbólico
- Volvé lentamente con una frase como: "Estoy presente. Estoy renovado/a. Las piezas siguen encajando."

Ayuno y alimentación

Empecemos por el Ayuno

Como limpieza natural es una forma de descanso para el cuerpo, especialmente para el sistema digestivo. Hay que practicarlo con moderación, puede ayudar a eliminar toxinas y renovar la energía vital.

Si al ayuno le agregamos la práctica del yoga, es la combinación perfecta como un rico café caliente en una mañana helada. Mucho tiempo tuve en mi cabeza que la práctica del yoga era incompatible con mis creencias por sus orígenes y algunas prácticas asociadas, luego rompiendo estructuras mentales y mandatos me informé, leí libros como "Por siempre joven, por siempre sano" de Indra Devi (Devi, Indra. *Por siempre joven, por siempre sano.* Editorial Kier, 2015) e incluso estudié el profesorado básico del yoga y me di cuenta que pude hacer uso de los beneficios de posturas, respiración y relajación sin ningún tipo de dificultad ni afectando mis principios y creencias.

El ayuno no se presenta como una obligación, sino como una herramienta que puede potenciar los efectos del yoga y la meditación, ayudando a alcanzar mayor claridad mental y equilibrio emocional.

Deberíamos buscar una simplicidad en la alimentación más que ayunos prolongados, realizar una alimentación ligera, basada en frutas, vegetales y líquidos naturales. Te recomiendo evitar excesos y escuchar las señales del cuerpo. El ayuno no se trata sólo de abstenerse de comer, sino de cultivar la paz interior y la conexión con uno mismo.

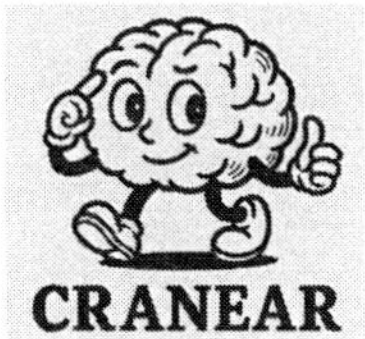

Aquí te dejo el diseño de una rutina a modo de ejemplo y orientación, podés realizar todas las adaptaciones que quieras según tus posibilidades. No importa si no podés hacer todo, pero hacé algo, por más insignificante que te parezca.

Pasos

1. Preparación previa
Antes de ayunar, reducí progresivamente los alimentos pesados (como carnes, frituras o harinas refinadas) y optar por frutas, caldos y jugos naturales. Esto ayuda a que el cuerpo entre en el ayuno sin un choque brusco.

2. Hidratación constante
Durante el ayuno, enfatizá la importancia de beber agua a temperatura ambiente, infusiones suaves o jugos diluidos. Esto favorece la eliminación de toxinas y mantiene la energía vital.

3. Actividades suaves
El ayuno debe ir acompañado de descanso, respiración consciente, meditación o yoga suave. Evitá el esfuerzo físico intenso para permitir que el cuerpo se regenere.

4. Actitud interior serena.
Tratá de cultivar en ese tiempo pensamientos positivos, silencio interior y gratitud.

5. Romper el ayuno con suavidad
Al finalizar, reintroducí alimentos ligeros como frutas o caldos.
Comé lentamente, masticá bien y observá cómo responde el cuerpo.

No hace falta realizar ayunos prolongados ni extremos, sino pausas alimenticias breves y conscientes, como una forma de "respirar" también desde lo digestivo.

Vamos ahora por la comida:
Intentá consumir:

Alimentos frescos y vivos (que conservan su estado natural) frutas, verduras, semillas, cereales integrales y legumbres. Preferí los alimentos crudos o mínimamente cocidos, siempre que no estén contraindicados.

Evitá lo artificial y desvitalizado, productos industrializados, enlatados, fritos, con conservantes o refinados.

Lo ideal sería reemplazar:

Harina blanca   por harina integral

Azúcar blanca   por azúcar mascabado o miel

Arroz blanco   por arroz integral o yamaní.

Dieta vegetariana
Se ha adoptado también esta práctica como expresión del principio de *ahimsa* (no violencia). No consumir carne ni pescado. Yo no la practico, pero sé que para muchas personas que sí lo hacen es beneficiosa.

También conozco personas que han bajado el consumo de toda clase de carnes y solo consumen pescados o tratan de llevar este consumo de una manera más consciente y equilibrada y no extremista. Con esta postura me siento más identificada, pero son consejos.
Evitá el alcohol y el tabaco, ya que se sabe que bajan la "vibración" del cuerpo.
Acompañá la alimentación con abundante agua pura y una respiración profunda y consciente, pilares del equilibrio físico y emocional. Algo que me sirve es dejar la cantidad de agua en los envases necesarios para saber que no podía terminar el día sin que estén vacías. Arriba de la mesa de la cocina, comedor, living, habitación, auto o por donde más andes. Más que contar calorías, come con atención plena, sin excesos, (moderada) y agradece cada alimento como una bendición para el cuerpo y el alma. Me encantó aprender desde pequeña a dar gracias por los alimentos que voy a consumir. Hoy, por lo general, lo hago en silencio, pero me encanta estar agradecida por este momento del día en que me dispongo a alimentar mi cuerpo.

Ahora! Vamos con un plan a modo de ejemplo (realiza los ajustes y modificaciones que te sirvan para llegar a concretarlo)

A mi que me encanta comer, estas propuestas de comidas, me sorprendieron y me gustaron, fueron prácticas, además de sentir que me hacían bien. Pero hoy tenemos acceso a miles de recetarios para optar comer más sano y rico.

¡Hagamos algo completo e integral, tal cual somos nosotros mismos!

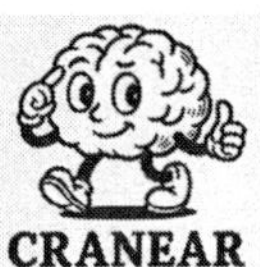

Bitácora de bienestar

Frase del día	Alimentos sugeridos	Práctica	reflexiona
"Cada día es una nueva oportunidad para bendecir el cuerpo que habito."	Panqueque de avena con banana y nueces.Fideos integrales o de arroz con salsa de tomate y albahaca, jamón y hongos. Mate de coco. Infusiones. Licuados: detox/energéticos. Agua.	Respiraciones profundas al despertar	¿Qué emoción quiero transformar hoy?
"Mi digestión comienza con mi pensamiento."	Yogur natural con trozos de frutas y granola casera. Hamburguesas de merluza y zapallo con arroz y zanahoria Mate de coco. Licuados: detox/energéticos. Infusiones. Agua.	10 minutos de yoga restaurativo	¿Qué Pensamientos quiero soltar?
"Al ayunar, abro espacio a la luz interior."	Mate de coco. Infusiones. Caldos Licuados: detox/energéticos. Agua.	Meditación en silencio o caminata consciente	¿Qué necesito liberar de mi interior?
"Al agradecer lo que como, honro la vida que me sostiene."	Pan integral con palta y huevo duro. Frutos secos. Pescado al horno con arroz primavera. Mate de coco. Infusiones. Licuados: detox/energéticos. Agua	Estiramientos al amanecer	¿Cómo puedo agradecer más conscientemente?

"Lo simple es lo más sagrado."	Tostadas de arroz con huevo, palta y jamón.Pastel de papa con carne magra y arvejas Mate de coco. Infusiones. Licuados: detox/ energéticos. Agua	Escuchar música suave mientras cocinas	¿Dónde hay belleza en mi día a día?
"Cuando cuido mi cuerpo, fortalezco mi espíritu."	Tostadas con queso fresco y mermelada sin azúcar. Pizza casera con masa integral y vegetales. Mate de coco. Infusiones. Licuados: detox/ energéticos. Agua.	Compartir una comida con alguien	¿Qué gesto pequeño puede alegrar el día de otro?
"El alma también necesita descansar."	Pollo al horno con batatas y ensalada de hojas. Omelette de vegetales y jugo de naranja natural. Mate de coco. Infusiones. Licuados: detox/ energéticos. Agua.	Diario personal o escritura intuitiva	¿Qué aprendí esta semana sobre mí?

💜 Data: Recomendación

Recomiendo además, algo que me ayudó mucho a cambiar mis hábitos, lo que se llama "Reseteo intestinal", y consiste en *restablecer el equilibrio del sistema digestivo*, especialmente la microbiota intestinal, para mejorar la salud física, emocional y mental. Se ha popularizado gracias al médico argentino Facundo Pereyra, quien propone un protocolo llamado MDB15, basado en medicina integrativa[29].

Obviamente yo amo comer y soy de pensar que debo disfrutar lo que ingiero, puedo darme esos gustos que los dejo para un día especial de la semana, sea para disfrutarlo sola, mirando una peli, leyendo un libro, escuchando una buena canción o compartiéndolo con alguien. Pero hoy he llegado, tal vez un poco tarde, aunque nunca lo es, a concientizarme mucho más de la importancia de cuidar mi salud, este templo, y explorar nuevas formas de alimentar mi cuerpo, entendiendo que de esta manera me siento mucho mejor, más fresca, más activa, más liviana, más libre. No es fácil y te lo digo con pleno conocimiento de causa, aún me cuesta, pero se puede.

Otro dato más que importante en mi vida fué aprender a organizarme. Planear lo que voy a comer en la semana es primordial cuando quiero adquirir hábitos distintos. No puedo dejar de recordar el día que me compre una heladera con "freezer", recuerdo no tener el dinero para adquirirla y una amiga (Anita) me lo prestó. Volví feliz de la compra y cómo me ayudó en aquel tiempo a organizar toda la semana, teniendo mis hijos muy pequeños, trabajando todo el día, pero me dedicaba un día entero del preciado fin de semana, para hacer las compras, cocinar y freezar. Fue un "verdadero golazo" y lo recomiendo (organizarte y planificar, te ayuda muchísimo para la adquisición de un nuevo hábito)

Respiración

Respirar es una función automática del cuerpo: lo hacemos sin pensar, simplemente para sobrevivir. Pero **respirar conscientemente** es una práctica transformadora que implica atención plena al acto de inhalar y exhalar.

La respiración consciente tiene una base científica sólida que ha sido respaldada por estudios en neurociencia, psicología y medicina. No es sólo una práctica espiritual o meditativa: su impacto fisiológico y cerebral está bien documentado.

💜 Data!¿Qué dice la ciencia?

• Regulación del sistema nervioso: Respirar lenta y profundamente activa el *nervio vago*, que estimula el sistema parasimpático. Esto genera una respuesta de "descanso y digestión", reduciendo el estrés y la ansiedad.

- Cambios en el cerebro: Estudios de Stanford y UCLA han demostrado que la respiración consciente reduce la actividad de la amígdala, la región cerebral que procesa el miedo y las emociones intensas[30].
- Mejora de la función cognitiva: La respiración nasal profunda aumenta el flujo de oxígeno al cerebro, mejora la memoria, la concentración y la comunicación entre los hemisferios cerebrales.
- Reducción del cortisol: Un estudio publicado en *Frontiers in Psychology* mostró que practicar respiración consciente durante 20 minutos diarios por 8 semanas reduce significativamente los niveles de cortisol, la hormona del estrés[31].
- Fortalecimiento del sistema inmunológico: Se ha observado un aumento en la actividad de las células NK (natural killer), esenciales para combatir virus y tumores[32].
- Mejora del sueño y del estado de ánimo: La respiración consciente favorece la liberación de melatonina y serotonina, mejorando el descanso y el bienestar emocional.

Ejemplos de investigaciones

- National Geographic publicó un artículo en 2025 que resume estudios sobre cómo la respiración consciente mejora la salud cardiovascular, emocional y cognitiva[33].
- IONCA recopiló evidencia científica sobre sus beneficios en ansiedad, dolor crónico, sueño y función inmunológica[34].
- Scielo documentó casos clínicos donde la respiración consciente redujo síntomas de ansiedad y depresión en pacientes tratados con mindfulness[35].
- La respiración consciente no sólo calma: modifica la química interna, regula el sistema nervioso y transforma la actividad cerebral. Es una herramienta accesible, poderosa y científicamente validada para mejorar la calidad de vida.

Entonces ya sabemos fehacientemente que está científicamente comprobado que gran parte de nuestras molestias físicas y trastornos mentales se deben a que no respiramos como debemos. Nos iniciamos en la vida con el aliento, jamás dejamos de respirar y nos vamos de ella con el último suspiro.

¡¡Tenemos que aprender a respirar profunda y conscientemente!!

¿¿¿Lo hacemos???

Inhalá (5 segundos) lenta y completamente, llenando los pulmones desde el abdomen hasta el pecho, y exhalá (5 segundos)de forma controlada.
Se practica de forma rítmica y consciente, lo que ayuda a equilibrar cuerpo y mente.
Tan simple, tan económicamente modesto y nos cuesta tanto ponerlo en práctica.

Son conocidos los beneficios de realizar este tipo de respiración:

💜 Data! Sorprendámonos un poco más:

• Oxigena la sangre, nutriendo células, tejidos y órganos.
• Limpia el organismo, como una ventilación profunda en una habitación cerrada.
• Calma la mente, ayudando a reducir el estrés y mejorar la concentración.
• Fortalece el sistema nervioso y mejora la salud general.

Indra Devi (conocida como la primera dama del yoga en occidente) recomendaba hacer al menos 60 respiraciones profundas al día, considerándolas incluso más importantes que el desayuno. Realizar esta respiración al comenzar el día, cuando estés tenso o antes de dormir. Ella decía que el poder de esta práctica podía transformar el estado físico y emocional por completo.

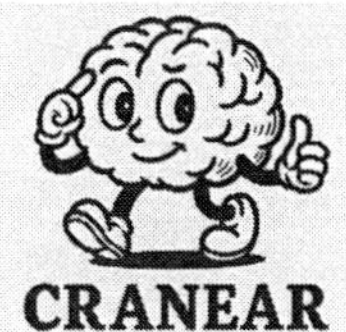

Te dejo una práctica guiada de respiración profunda.

1. Preparate

Cerrá suavemente los ojos. Relajá los hombros, aflojá la mandíbula, y colocá las manos sobre las rodillas o el regazo.

2. Inhalá profundamente

Inhalá lentamente por la nariz durante 4 segundos. Imaginá que el aire entra desde el abdomen, sube por las costillas y llega al pecho. El vientre se expande.

3. Retené el aire

Sostené el aire en los pulmones durante 2 segundos. Sentí la energía vital llenándote.

4. Exhalá suavemente

Exhalá por la nariz durante 6 segundos, vaciando los pulmones por completo. El abdomen se retrae lentamente.

5. Repetí

Hacé de 5 a 10 ciclos. Si lo deseás, podés contar mentalmente "uno" al inhalar, "dos" al exhalar... hasta llegar a "diez".

💜 Data! Respirar por la nariz: un estudio revelador

El científico argentino Estanislao Bachrach, experto en neurociencias y autor de Zensorialmente, cita un estudio en el que los participantes se tapaban la boca durante varios días para obligarse a respirar exclusivamente por la nariz. Los resultados fueron sorprendentes:

- Aumentó la energía diaria y disminuyó la fatiga.
- Mejoró la calidad del sueño y la concentración.
- Se redujeron los niveles de ansiedad y *estrés.*

Bachrach lo resume así:
Este experimento refuerza su propuesta de que el cuerpo tiene una inteligencia sensorial que puede guiarnos hacia decisiones más saludables y conscientes. La respiración nasal, lenta y consciente, se convierte así en una herramienta poderosa para el bienestar físico y emocional.

Movete

💜 Data!

La ciencia es clara: practicar deporte de forma regular es una de las mejores inversiones para la salud integral. Según la Organización Mundial de la Salud y diversos estudios científicos, los beneficios abarcan múltiples dimensiones[36]:

💜 Salud mental y cognitiva
- Reduce síntomas de ansiedad y depresión.
- Mejora la memoria, la concentración y el rendimiento académico.
- Favorece la neurogénesis (creación de nuevas neuronas), incluso en adultos mayores.

💜 Salud física
• Disminuye el riesgo de enfermedades cardiovasculares, diabetes tipo 2, hipertensión y ciertos tipos de cáncer.
• Mejora la salud ósea, muscular y metabólica.
• Ayuda a mantener un peso saludable y a prevenir la obesidad.

💜 Embarazo y salud materna
• Reduce el riesgo de preeclampsia, diabetes gestacional y complicaciones en el parto.

💜 Socialización y bienestar
Favorece la integración social, el trabajo en equipo y la autoestima.
Mejora la calidad de vida y el sentido de propósito.

Además, estudios antropológicos muestran que nuestros antepasados eran naturalmente activos, y que el sedentarismo moderno exige que busquemos formas conscientes de movernos para mantenernos sanos[37].

La neurociencia ha revelado que la actividad deportiva no solo fortalece el cuerpo, sino que transforma literalmente el cerebro[38].

te comparto algunos hallazgos fascinantes:

💜 Conexión mente-cuerpo
El cerebro es quien orquesta cada movimiento, y al ejercitarnos, activamos regiones cerebrales clave como el cerebelo, la corteza motora y el sistema límbico. Esto mejora la coordinación, la toma de decisiones y el control emocional.

💜 Neuroplasticidad
El ejercicio estimula la neuroplasticidad, es decir, la capacidad del cerebro para reorganizarse y formar nuevas conexiones. Esto es vital para el aprendizaje, la memoria y la adaptación a nuevos desafíos.

🤍 Regulación emocional y estrés

La actividad física reduce los niveles de cortisol (hormona del estrés) y aumenta la liberación de endorfinas y serotonina, mejorando el estado de ánimo y la resiliencia emocional.

🤍 Visualización y rendimiento.

Técnicas como *la* visualización mental activan las mismas áreas cerebrales que el movimiento real, lo que permite a los atletas entrenar habilidades cognitivas sin moverse físicamente.

🤍 Prevención y recuperación.

El ejercicio regular mejora la oxigenación cerebral, protege contra el deterioro cognitivo y acelera la recuperación tras lesiones neurológicas. En resumen, moverse es una forma de esculpir el cerebro desde adentro.

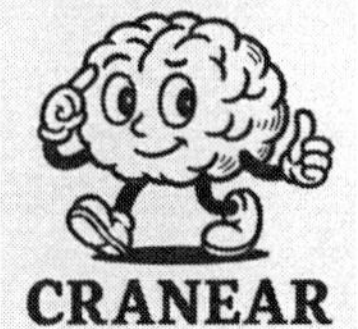

Te dejo a modo de ejemplo una rutina, podés adaptarla siempre a vos como más puedas y quieras, acá lo importante es que hagas.

1. Apertura: Intención + Respiración (5 minutos)
- Postura: Sentado/a o de pie, columna erguida.
- Respiración consciente (inhalá en 4 tiempos, exhalá en 6).
- Intención simbólica: "Hoy me muevo para liberar, renovar y agradecer."
- *Representa el comienzo del día como un amanecer interior.*

2. Movimiento libre + Cardio suave (10-15 minutos)
- Caminar, bailar, saltar la soga o simplemente moverse al ritmo de música significativa.

• Podés usar elementos simbólicos: pañuelos (como alas), sonidos de la naturaleza o luz tenue.

Simboliza liberación emocional, como cadenas que se rompen o una mariposa emergiendo.

3. Fuerza consciente (10 minutos)
• Ejercicios con el peso del cuerpo: sentadillas, planchas, flexiones suaves.
• En cada repetición, visualizá la construcción de "raíces fuertes" o "puentes internos".

Simboliza la fortaleza interior: sostenerse ante la vida con dignidad y equilibrio.

4. Elongación con significado (10 minutos)
• Estiramientos suaves, con respiración profunda.
• Podés acompañar con afirmaciones: "Me abro a lo nuevo", "Dejo atrás lo que pesa".

Representa el desapego y la expansión del ser.

5. Cierre meditativo (5 minutos)
• Posición de descanso o savasana (acostado/a, palmas hacia arriba).
• Agradecé al cuerpo, a tu historia y al instante presente.

Simboliza el regreso al silencio interior: una montaña tras la tormenta.

Particularmente amo salir a correr, caminar, nadar, me he propuesto aprender a surfear y tengo como materia pendiente: ¡aprender a bailar!

A esta edad me recomendó el médico hacer ejercicios con peso. Hay miles de formas de estar en movimiento, elegí la que más te agrade, la que más te haga estar activo, ponete metas con respecto a ello, metas claras y con precisión y ¡avanzá! ¡Pero Movete!

Desintoxicación digital

Como docente jubilada con 27 años de servicio, tengo miles de referencias para abordar este asunto, pero para hacerlo muy simple quiero explicarte que este flagelo increíblemente alcanza a cualquier clase social, no distingue edades y son los adultos los responsables directos de que los niños accedan a muy temprana edad (hasta puedo afirmar que he visto regalos de artefactos tecnológicos en niños de 1 año) como así también en entrevistas y vivencias cercanas poner a los niños frente a una pantalla a menos de un año de edad para que se entretengan, resolver problemas de aulas, con padres citados, donde los niños están hasta la madrugada con el celular o la computadora, sin supervisión obviamente; y al otro día no solo se duermen en clase sino que toda su capacidad de atención está limitada. Y así puedo enumerarte miles de ejemplos en el cual no somos conscientes del daño que generamos en los niños al abandonarlos en este asunto. Jamás voy a olvidar la frase que escuché en una serie que vi llamada "Adolescencia" donde la madre con dolor y desconcierto al ver a su hijo tras las rejas por asesinar a una compañera, expresa: "estaba en su habitación, pensábamos que estaba seguro", el adolescente pasaba horas encerrado con su computadora.

No estoy en contra de los avances tecnológicos ni de sus usos, pero sí considero que es necesario en el mundo que vivimos reflexionar sobre la regulación de su uso, ya que no sólo comemos por la boca sino que también lo hacemos por los ojos, nariz, tacto, oídos y todos los sentidos adicionales que han agregado desde la neurociencia, que nos advierte que con todo ello también alimentamos nuestra alma y espíritu.

Es sumamente importante entender el impacto y adicción que podemos generar en nosotros mismos, pero peor aún si somos adultos, en nuestros hijos, sobrinos, niños que nos interpelan a diario.

💜 Data!: quiero que prestes atención a esta información.

Impacto en el cerebro y el desarrollo neurológico.

- Desensibilización del sistema de recompensa: El uso excesivo de pantallas, especialmente videojuegos y redes sociales, puede sobreestimular la liberación de dopamina, lo que reduce la sensibilidad del sistema de recompensa cerebral. Esto genera una necesidad creciente de estímulos para sentir placer.
- Alteración del desarrollo cognitivo: En niños y adolescentes, el abuso de dispositivos digitales puede afectar la atención, la memoria, la regulación emocional y el aprendizaje.
- Trastornos del sueño: La exposición prolongada a pantallas, especialmente antes de dormir, altera los ritmos circadianos y puede provocar insomnio, fatiga crónica y problemas metabólicos.

Consecuencias psicológicas

- Ansiedad y depresión: El uso compulsivo de redes sociales y la constante comparación social pueden aumentar los niveles de ansiedad y síntomas depresivos, especialmente en jóvenes.
- Nomofobia: Es el miedo irracional a estar sin el teléfono móvil. Se asocia con dependencia emocional y dificultad para desconectarse.
- Aislamiento social: Aunque la tecnología conecta virtualmente, su uso excesivo puede deteriorar las relaciones cara a cara y generar sentimientos de soledad.

Vulnerabilidad en la infancia

• Neurodesarrollo en riesgo: Los cerebros en desarrollo son especialmente sensibles. El uso temprano y excesivo de pantallas puede interferir con la adquisición de habilidades sociales, emocionales y cognitivas.

• Exposición a contenidos inapropiados: Niños y adolescentes pueden acceder accidentalmente a pornografía o violencia, lo que afecta su desarrollo emocional y su percepción del mundo.

Fuentes científicas destacadas

• National Geographic: Cómo afecta al cerebro el uso excesivo de las pantallas

• Psicología y Mente: Cómo afecta la tecnología a nuestra salud mental

• ConSalud: Evidencia científica del daño neurológico y psicológico por el abuso de dispositivos digitales

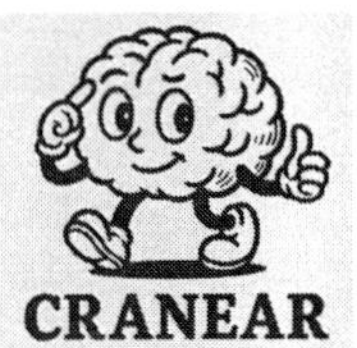

A modo de ejemplo y como siempre digo adaptado a las amplias variedades de vida y compromisos que tenemos a diario, te dejo una estructura sugerida para regular y reflexionar sobre el uso de las pantallas.

Dia	Tema central	Pregunta sugerida	Acción simbólica
1	Estímulo y recompensa	¿Qué tipo de contenido busco para "sentirme mejor"?	Desconectate 2 horas y observa cómo reacciona tu mente
2	Atención fragmentada	¿Me cuesta estar presente sin el teléfono cerca?	Hacé una actividad sin distracciones digitales. Describí cómo te sentiste.

3	Comparación social	¿Cómo me afecta lo que veo en redes?	Escribí 3 cosas valiosas de tu vida que no mostrarías en redes
4	Sueño y bienestar	¿Cómo duermo después de usar pantallas por la noche?	Creá un ritual de descanso sin pantallas. Dibujá un símbolo para él.
5	Relaciones reales	¿Cuánto tiempo dedico a conectar cara a cara?	Llamá o visita a alguien que suelas mensajear. Anotá lo que cambió.
6	Autonomía vs dependencia	¿Podría pasar un día sin mi teléfono? ¿Qué me lo impide?	Hacé un "ayuno digital" por 4 horas. Reflexioná
7	Rediseñar el vínculo	¿Qué lugar quiero que tenga la tecnología en mi vida?	Diseñá un símbolo (una cadena rota, una flor brotando, etc.) que represente tu nuevo compromiso con el uso consciente.

Voy a tirarte unos cuántos ejemplos personales, sólo a modo de ejemplos, claramente cada persona y según sus ocupaciones y personalidades tendrá o creará las suyas pero quiero dejarte en claro lo importante que es que reveas este punto en tu vida y si es necesario modifiques esta conducta.

Ejemplos guía (horarios- alimentación saludable- higiene- descanso- actividad física- manejo del estrés- socialización- selección de las personas que me rodean, trabajo, salud)
Siempre recordá, no es un día o dos, pero tampoco es un esfuerzo terrible toda la vida. Adquirir buenos hábitos lleva un tiempo y esfuerzo, pero una vez que lo adquirís, solo te va a ir llevando a repetirlo y te sentirás liviano y pleno. Además con el tiempo también tu cuerpo y mente te lo va a pedir(este hábito adquirido) y eso se siente buenísimo!
¿Fallaste una vez? ¿Comiste algo que te hizo mal, no hiciste tiempo para un ejercicio, una meditación? No importa, el día no está perdido por eso, al segundo siguiente retomá y seguí.
¡¡¡Se puede!!!

Ahora completemos este cuadro comparativo

Canon/rutinas hoy	Canon y rutinas a perseguir

Escribí cómo deseas verte en un tiempo a corto plazo y que hábitos y reglas necesitás modificar, poner en práctica para llegar a ese momento de esa manera.

Recordá: fallaste y al segundo después retomás el propósito de nuevo, prohibido dejarlo para el otro dia

- Di gracias
- Medité
- Hice actividad física

- Comí sano/tome abundante agua
- Ayudé a alguien
- Reemplacé un mal hábito por uno bueno
- Cambié un pensamiento negativo por uno positivo
- Sonreí, abracé, besé, dije te amo
- Jugué/bailé/canté
- Perdoné
- Enmendé

Muy importante: escribí esta lista en una hoja y pegala donde la veas apenas te levantes o sí o sí lo visualices en algún momento del día. Y no importa cuantas veces lo intentes, no dejes de intentarlo una y otra vez al segundo después de haber fallado en ese intento. Es un trabajo yo diría del minuto a minuto y sin exagerar. Mi experiencia personal en cuanto a mis hábitos alimenticios me hace entender que debo, al segundo después de fracasar y comer "eso" que no debía porque me hacía mal, retomar y volver a empezar. ¡Se puede! ¡Un día a la vez!

Dar

"Damos lo que somos, no lo que tenemos..."

Efecto libertad

Trabajé durante 13 años en una escuelita rural, allí concurrían niños de diversas clases sociales económicamente hablando. Ese día la actividad consistía en sentarse en círculo para leer un cuento y charlar... una de las niñas había asistido a clases con zapatillas muy viejas y deterioradas, ella escondía sus pies... Entonces yo (que me había comprado unas zapatillas el día anterior) viendo que calzábamos parecido (ya que mi talla por mi tamaño es muy pequeña) y apelando a la inocencia que sólo los niños pueden tener, le dije: - me encantan tus zapas, me las regalarías? Ella sorprendida e inocente dijo: si; y nos las intercambiamos en ese mismo momento. Hasta hoy y escribiendo esto puedo volver a sentir la sensación de felicidad que sintió mi alma...

En otra oportunidad, transitábamos las vacaciones de verano y viajé a la ciudad donde trabajaba, (a unos 27 km. de distancia) allí me encontré con una de mis alumnas de los talleres de biblioteca; ella se encontraba vendiendo choclos a la gente que pasaba por la calle, actividad que realizan muchos de estos niños en esa época del año; corrió hacia mí, me saludó y la conversación que siguió después fue contada con tanto entusiasmo que me dejó trastabillando emocionalmente, ¡estaba juntando dinero para comprarse zapatillas! Le pregunté si ya las había elegido y me respondió que sí, que estaban en el negocio a tan sólo cincuenta metros de donde nos encontrábamos. Le pedí que me las mostrara, entramos, se las compré, y compré todos sus choclos. Ese día las dos nos hicimos bien, las dos fuimos bendecidas, las dos volvimos con el corazón agradecido a nuestros hogares. Así es esto, así funciona.

Lo loco, es que también está aprendido y heredado. Mi viejo cada vez que cobraba, (albañil) compraba una caja llena de mercadería, hacía tortas fritas y nos llevaba a hogares tan humildes como el nuestro, dejando en sus casas parte de lo que a nosotros no nos sobraba. Esto tan bueno de mi infancia sólo lo pude ver con el tiempo de sanidad y aceptación, a través del perdón que libera.

"Cuando era adolescente, me sentía bastante perdida, me había ido de mi casa, a vivir con mi hermana, quien no dudó en llevarme con ella, a una ciudad que quedaba a un poco más de 100 km de la casa de mis padres. Allí terminé la secundaria y llegado fin de año, no sabiendo bien que hacer con mi vida me tomé un colectivo y me fui a Entre Ríos, a la casa de mis abuelos a quienes tanto amaba. Ellos me recibieron con gran alegría y estuve todo ese verano allí. Pero sabía en mi interior que aquel no era mi lugar.

Al terminar esa estación del año, me contacté con unos amigos, sus nombres: David y Lili, eran un matrimonio que en ese entonces no podían tener hijos. Yo los había conocido hacía un par de años atrás y habían bendecido mi vida de manera extraordinaria. Les pregunté si podía ir a su casa a vivir y estudiar una carrera que aún hoy me queda pendiente: musicoterapeuta. Enseguida respondieron que sí, abrieron no sólo las puertas de su casa, sino también las de su corazón y arriesgaron todo recibiendo a una adolescente rebelde y caprichosa, sin dinero, sin demasiado rumbo. Pero ese tiempo con ellos fui amada sin condición, sin juzgamientos, y fueron de gran contención en medio de mis dudas.

Otra entre miles de anécdotas que recuerdo es a mi tan apreciada "Sra. Nancy", ella había empleado a mi mamá, en el trabajo de limpieza en épocas de verano. Yo amaba acompañarla porque sentía que tanto ella como su esposo el "señor Juan" eran buenas personas, siempre amables, bondadosos, haciéndonos sentir como su familia. Con el tiempo yo también comencé a trabajar con ellos, planchando su ropa. Es increíble darse cuenta cómo en un trabajo donde tal vez nadie quiere realizar como es limpiar y planchar, podemos ser responsables de generar las ganas de ir y hacerlo con tan sólo pequeñas grandes demostraciones de interés y empatía que lo cambian todo. Cada verano ellos se tomaban la molestia de traernos bolsas y bolsas de ropa, calzados, carteras, todo usado, pero como nuevo, de sus hijas, de ellos, de sus nietos, ropa que

luego nos vestían todo el año y que a su vez era tanta que no sólo era para nosotros, sino que también dábamos a nuestro entorno. Recuerdo que era como irnos de shopping, lo disfrutábamos tanto… y no sólo eso, sino que siempre nos estaban regalando cosas. Cuando estaba en la espera de la llegada de mis hijos, mellizos, llegó una gran encomienda a casa de parte de ellos, con dos cunas hermosas y mucha ropa de bebé. Podría realizar una lista aún más extensa de nombres de personas y gestos de amor hacia mí. Y lo más probable es que cometa una injusticia al no nombrar a mucha gente que pasó de esta forma por mi vida; Ilse y sus verduras que me hicieron zafar más de un día de necesidad. Clemen, mi gran amiga, con sus grandes actos de amor incondicional, María, el viejo, Eduardo y Cristina y sus casas disponibles para que de adolescentes usáramos sus instalaciones y comiéramos como sólo los adolescentes pueden hacerlo! Almanzor y Mary, su exquisito helado de limón y sus coches llevándonos a campamentos y congresos de adolescentes! Carlota y su teléfono disponible en su casa para hablar con mi familia entrerriana, mis hermanos siempre siendo mis guardianes incondicionales, esas compañeras de colegio que sin actos de egoísmo me compartieron sus ideas, experiencias y tiempo para ayudarme, aconsejarme y ser mejor profesional, Y más! muchos más!
Gestos invisibles, que me alegra tanto poder dejarlos tatuados aquí.

💜 Data: "Recomendación"

Aunque es tan sólo una película, llamada" Cadena de favores", no dejo de pensar en ella al escribir estas líneas, ojalá tanta data resultara motivadora para tu vida y pudiéramos ser agentes de cambio para nuestro alrededor, sociedad y el mundo.
Te sugiero que la mires si aún no lo hiciste: cuenta la historia de **Trevor McKinney**, un niño de 12 años que, inspirado por una tarea escolar,

propone una idea para cambiar el mundo: ayudar a tres personas de forma significativa y pedirles que hagan lo mismo por otras tres, creando así una cadena de generosidad que se expanda indefinidamente. Transmite que **pequeños actos de bondad pueden generar un cambio profundo** en el mundo. A través del altruismo, la empatía y la acción desinteresada, nos invita a reflexionar sobre el poder transformador de nuestras decisiones cotidianas. Leder, M. (Director). (2000). *Cadena de favores* [Película]. Warner Bros.
Aunque esta película no está basada en hechos reales es muy inspiradora y existen casos reales similares.

💜 Data!
¡Te cuento uno para que sigamos sorprendiéndonos!

La historia de Rick Dale Schroeder parece sacada de una película, pero es completamente real y profundamente conmovedora. Rick fue un humilde carpintero de Iowa, Estados Unidos, que trabajó durante 67 años en un aserradero. Vivió con gran austeridad: tenía sólo dos pares de jeans (uno para trabajar y otro para ir a la iglesia), nunca se casó ni tuvo hijos, y llevaba su almuerzo en una lonchera metálica. Aunque nunca pudo ir a la universidad, Rick ahorró durante toda su vida y, antes de fallecer en 2005, le pidió a su amigo y abogado Steve Nielsen que usara sus ahorros para ayudar a jóvenes sin recursos para estudiar. ¿La cifra? Casi 3 millones de dólares. Con ese fondo, 33 estudiantes de bajos recursos, pero con excelentes calificaciones pudieron acceder a la universidad. La única condición: **"devuelvan el favor a otros"** [39].

💜 Data!:beneficios de dar

- Propósito y satisfacción: Bill Gates y Warren Buffett han destacado que dar genera una sensación de propósito y satisfacción personal[40].

- **Legado y reputación:** La filantropía es el amor y la promoción del bienestar humano, manifestada a través de acciones altruistas y donaciones, tanto de tiempo como de recursos, con el objetivo de mejorar la calidad de vida de los demás, especialmente de aquellos que más lo necesitan. Se caracteriza por la generosidad y el deseo de contribuir al bien común, sin buscar un beneficio personal a cambio, ayuda a construir una imagen positiva y un legado duradero, como lo han demostrado figuras como MacKenzie Scott. El País. (2025, abril 7). MacKenzie Scott y su decisivo papel como filántropa: ha donado 19.000 millones de dólares en los últimos cinco años[41].
- **Beneficios fiscales:** Aunque no es la razón principal para donar, algunos multimillonarios han mencionado que las donaciones pueden reducir impuestos, lo que permite destinar más recursos a causas importantes.

Impacto social

- **Transformación de comunidades:** La filantropía puede mejorar la educación, la salud y la calidad de vida de millones de personas, como lo han demostrado iniciativas como GiveDirectly. Periodismo. com. (2023, marzo 8). GiveDirectly, la ONG que reparte dinero a las personas que lo necesitan[42].
- **Innovación y progreso:** Algunos multimillonarios ven la filantropía como una forma de impulsar avances científicos y tecnológicos que beneficien a la humanidad.
- **Empoderamiento:** Dar directamente a quienes lo necesitan, sin condiciones, ha sido promovido por figuras como Jack Dorsey y Elon Musk[43].

La Biblia destaca múltiples beneficios de dar, tanto espirituales como personales y comunitarios. Aquí algunos puntos clave:

Beneficios espirituales

• Refleja el carácter de un Ser Superior: Dar generosamente nos acerca a la naturaleza de Dios, quien es el mayor ejemplo de generosidad (la Biblia).
• Recibimos bendiciones: "El que es generoso prospera".
• Fortalece la fe: Confiar en que se nos proveerá nos ayuda a depender menos de lo material

Beneficios personales

• Alegría y satisfacción: dar con el corazón trae felicidad.
• Reducción del estrés: Estudios han demostrado que la generosidad puede disminuir la ansiedad y mejorar el bienestar emocional.
• Sentido de propósito: Dar nos ayuda a encontrar significado en nuestras acciones y a fortalecer nuestra conexión con los demás.

Beneficios comunitarios

• Impacto positivo en la sociedad: La generosidad fomenta la justicia y la equidad, ayudando a quienes más lo necesitan.
• Construcción de relaciones: Dar fortalece lazos familiares y comunitarios, promoviendo una cultura de solidaridad

No con cosas materiales, no con el aplauso de nadie, nuestro interior se ensancha, la felicidad parece no caber dentro nuestro, ¡¡¡¡y somos felices!!!!

Voy a dar cuando tenga mucho... o poco...
Voy a dar de lo que me sobra...o lo que es de valor para mi...
Voy a dar cosas materiales..

Efecto libertad

Voy a dar tiempo...
Voy a darle al que conozco y amo...
O al que no tengo idea de su vida y tal vez me complica el día...

La realidad es que si das, por ley universal, vas a recibir una gratificación por ello.

Pero te aseguro que si das con un corazón dispuesto a hacer el bien y sin que lo expongas públicamente, lo que recibirás a cambio será realmente extraordinario.

Muchas personas lo pusieron en práctica y experimentaron los beneficios. De miles seguramente no sabremos nunca nada, pero ahí están, con mucho o poco dando...

💜 Escuchá estas palabras que se vuelven melodía para el alma...
y disfruta:

* «He encontrado que, entre otros beneficios, dar libera el alma del que da»: (Maya Angelou).
* «Dar hasta que duela y cuando duela dar todavía más»: (Gandhi).
* «Si ayudo a una sola persona a tener esperanza, no habré vivido en vano»: (Martin Luther King).
* «Mucha gente pequeña, en lugares pequeños, haciendo cosas pequeñas, puede cambiar el mundo»: (Eduardo Galeano).
* El mayor espectáculo es un hombre esforzado luchando contra la adversidad; pero hay otro aún más grande: ver a otro hombre lanzarse en su ayuda.
* "No me digas dónde están tus prioridades. Muéstrame dónde gastas tu dinero y te diré cuáles son": James W. Frick.
* Ahorra una tercera parte, vive con una tercera parte y da una tercera parte": Angelina Jolie

🩶 Data!

🩶 Historias ... ¿Por qué lo hicieron? ¿Qué los movilizó? ¿Descubrieron el verdadero secreto de dar?

Madre Teresa de Calcuta, nacida como Agnes Gonxha Bojaxhiu el 26 de agosto de 1910 en Skopje (actual Macedonia del Norte), fue una monja católica de origen albanés que dedicó su vida al servicio de los más pobres y necesitados.

A los 18 años ingresó en la orden de las Hermanas de Loreto en Irlanda y luego fue enviada a la India, donde enseñó en un colegio en Calcuta. En 1948, conmovida por la miseria que veía en las calles, pidió permiso para dejar el convento y fundó una nueva congregación: las Misioneras de la Caridad, cuyo propósito era atender a los enfermos, huérfanos y moribundos.

Algunas de sus frases:

🩶 Ama hasta que te duela. Si te duele es una buena señal.

🩶 Amo a todas las religiones, pero estoy enamorada de la mía.

🩶 A veces sentimos que lo que hacemos es tan solo una gota en el mar, pero el mar sería menos si le faltara una gota.

🩶 Cada obra de amor, llevada a cabo con todo el corazón, siempre logrará acercar a la gente a Dios.

🩶 Dar hasta que duela y cuando duela dar todavía más.

🩶 Debemos hacer las cosas ordinarias con un amor extraordinario.

💜 Dios no me eligió para tener éxito, sino para ser fiel.

💜 El amor, para que sea auténtico, debe costarnos.

💜 La santidad no es el lujo de unos pocos; es un sencillo deber que tenemos tú y yo.

💜 El que no vive para servir, no sirve para vivir.

💜 No puedo parar de trabajar. Tendré toda la eternidad para descansar.

💜 Prefiero ser una gotita de amor, en un mar de amargura.

💜 Si tú juzgas a la gente, no tienes tiempo para amarla[44].

Vestida con un sencillo sari blanco con bordes azules, vivió entre los pobres y abrió hogares en todo el mundo. En 1979 recibió el **Premio Nobel de la Paz**, y en lugar de asistir al banquete de gala, pidió que el dinero se destinara a los necesitados....

Maximilian Kolbe

Un sacerdote polaco encarcelado en Auschwitz. En 1941, se ofreció para morir en lugar de otro prisionero condenado. El hombre sobrevivió y vivió hasta 1995 gracias al sacrificio de Kolbe[45].

Arnaud Beltrame

Teniente coronel de la Gendarmería francesa. En 2018, se ofreció como rehén en lugar de una mujer durante un atentado en un supermercado. Dejó su teléfono encendido para que la policía pudiera intervenir. Murió tras el rescate. Infobae. (2018, marzo 24). Murió el gendarme héroe que se cambió por rehenes en el ataque terrorista a un supermercado en el sur de Francia[46].

Ignacio Echeverría

Conocido como el "héroe del monopatín". En Londres, defendió a una mujer de un ataque terrorista usando su patineta. Murió en el intento, pero permitió que otros escaparan. BBC News Mundo. (2017, junio 7). La familia del español Ignacio Echeverría, el "héroe del monopatín", confirma que es una de las 8 víctimas mortales del ataque en Londres[47].

Liviu Librescu

Profesor y sobreviviente del Holocausto. Durante el tiroteo en Virginia Tech (2007), bloqueó la puerta de su aula para que sus estudiantes escaparan. Murió salvando a 22 de ellos. Infobae. (2025, julio 5). La emocionante historia del profesor Librescu, el sobreviviente del Holocausto que murió salvando a sus alumnos en el tiroteo de Virginia Tech[48].

Aitzaz Hasan

Un joven pakistaní de 15 años que impidió que un atacante suicida entrara a su escuela. Lo enfrentó en la entrada, sacrificando su vida para salvar a cientos de compañeros. LARED21. (2014, enero 12). Aitzaz Hasan: la heroica historia del joven que evita un ataque suicida en su escuela[49].

Anas Al Basha

Un joven sirio que trabajaba como payaso en hospitales de Alepo. Decidió quedarse en la ciudad bombardeada para llevar alegría a los niños. Murió en un ataque aéreo[50].

Alfred Gwynne Vanderbilt

Durante el hundimiento del RMS Lusitania en 1915, entregó su chaleco salvavidas a una madre y su bebé, sabiendo que no sabía nadar. Su cuerpo nunca fue recuperado[51].

Estos actos no sólo salvaron vidas, sino que también nos recuerdan que el amor y la empatía pueden brillar incluso en los momentos más oscuros.

La empatía de **Jesús** por los necesitados está tejida en cada gesto, palabra y silencio de su andar por la tierra. No solo los veía, los *miraba* profundamente, como si reconociera en ellos una chispa sagrada que otros habían pasado por alto. Su compasión era activa: se acercaba, tocaba, lloraba con ellos, compartía su dolor y les ofrecía consuelo, sanación o simplemente dignidad. Podría darte miles de ejemplos como:

El leproso que nadie tocaba: lo abrazó, lo sanó y lo reintegró a la comunidad, como si dijera: *"Eres digno, aún antes del milagro."*

La mujer sorprendida en adulterio: mientras todos querían castigarla, Jesús la defendió sin condenarla y la invitó a recomenzar: *"Vete y no peques más."*

La viuda de Naín: al ver que su único hijo había muerto, Jesús se conmovió y lo devolvió a la vida. Él no necesitaba sentir ese dolor... pero lo hizo.

Más allá de lo físico, Jesús veía la pobreza del alma, el abandono del corazón, y la sed invisible de esperanza. Su empatía era más que ternura: era transformación. Le devolvía a cada persona el sentido de ser amada, de ser vista, de tener propósito.

Entonces:
...Caminá sin aplausos, entre esos rostros vencidos.
Mirá sin juzgar,
Abrí las ventanas del alma
a quienes ya no esperan ser vistos.
Tocá la herida sin temor,
como quien entiende que la piel quebrada
guarda dentro el templo de lo sagrado.

Y al tocar, no sólo saná
restaurá el derecho a ser abrazado.
Que tus palabras no sean recetas, sino refugios:
"Levántate."
"Vete en paz."
"Yo tampoco te condeno."
No mirés desde arriba.
Agachate, lava pies,
esperá junto al pozo,
llorá frente a tumbas que no son tuyas.
Y entonces, en lo profundo del abandono,
donde muchos pasan de largo,
quedate....
Como luz entre las grietas...

¿Cómo hacernos cargo y construir un estado de gratitud y empatía?

En toda esta lista resaltá las que creés que podés hacer o ya has hecho.

Hacé una acción amable al día. Puede ser tan simple como sostener la puerta, regalar una sonrisa o enviar un mensaje de aliento. Lo importante es la intención	Escuchá con atención plena Dedica unos minutos a escuchar a alguien sin interrumpir ni aconsejar. Solo estar presente ya es un acto de amor
Hacé algo bueno en secreto Deja una nota positiva anónima, pagá un café para alguien o doná sin revelar tu nombre. El anonimato purifica el gesto.	Practicá la gratitud silenciosa. Agradecé internamente por lo que tenés y por la oportunidad de dar. Esto fortalece tu motivación interior.
Ofrecé tu tiempo o habilidades. Ayudá a un vecino, colabora en una causa local o comparte tus talentos con quienes lo necesitan	

Reflexioná al final del día

Preguntate: ¿A quién ayudé hoy? ¿Cómo me sentí al hacerlo? Esta práctica te conecta con tu propósito. Sé amable contigo mismo.

El altruismo auténtico nace de un corazón en paz. Cuidá tu cuerpo, tu mente y tu espíritu para poder dar desde la abundancia

Caminamos por la calle y vemos mucha necesidad... especialmente en necesidades básicas, como comer, vestirse, higienizarse... pero también hay mucha necesidad emocional... no lo sabemos, pero tal vez hoy des un abrazo, regales un dulce, sonrías en la calle, le digas algo bueno a alguien y cambies su día, hasta sin saberlo tal vez cambies una idea de suicidio, tristeza, y cuantas historias de vidas que transitan por nuestro alrededor y que simplemente son invisibles porque dejamos de VERLAS...

Craneemos!! Y Ocupémonos de este asunto!

Recordá situaciones donde diste ... Cómo te sentiste después de hacerlo....	A quién voy a ayudar hoy... Cómo o con que lo voy a hacer... Personas que necesitan de mi ayuda...

Mi bitácora- Mes: _______________

Domingo	Lunes	Martes	Miércoles	Jueves	Viernes	**Sábado**
Envía un mensaje de gratitud.	Ayudá con una tarea doméstica sin que te lo pidan	Doná algo que no uses pero que otro necesite.	Escuchá a alguien con plena atención	Perdoná y perdónate algo que te pesa.	Escribí y regalá una carta de ánimo	Dibujá o escribí lo que deseas dar al mundo
Hacé algo bueno en secreto	Protegé o defendé a alguien en vulnerabilidad	Llamá a alguien que sepas que está solo	Dejá una nota positiva donde alguien la encuentre	Compartí tu historia de superación con alguien	Doná algo valioso para ti	Sonreíles a todos cuantos te cruces hoy
Aprendé el nombre y necesidad de una persona en la calle.	Hacéle un favor inesperado a alguien.	Perdoná a alguien del pasado	Compartí una canción o poema que haya tocado tu alma.	Escribí tus miedos y soltalos (quemalos, enterralos o entregalos).	Ofrecete como voluntario por al menos una hora	Hacé un acto bondadoso fuera de tu zona de confort.

Escuchá con humildad una opinión opuesta a la tuya.	Hacé algo solo por la alegría de hacerlo.	Meditá en silencio 10 minutos	Regalá algo bello (una flor, un dibujo, una historia).	Plantá una acción para el futuro (un proyecto, una promesa, una semilla literal).	Acompañá a alguien que atraviesa incertidumbre.	Rezá, meditá o deseá sinceramente el bien a alguien que no conoces.

Sólo parémonos en el día de hoy, dejemos todo el pasado atrás, no importa lo heredado, no importan los sucesos inesperados que desestabilizaron nuestras vidas, no importa que tan en medio del caos o tranquilidad nos encontremos. Construyamos a partir de este mismo instante lo que queremos dar:

...a nosotros mismos
...al amigo
...al que te lastimó
...al hijo
...al familiar
...a tus compañeros de trabajo
...al vecino
...al desamparado
...y demos lo que realmente somos....

Fiesta

"y si en vez de vivir la vida como si fuera el último día,
la vivís como si fuera el único?

"Siempre y bajo cualquier circunstancia disfrutá, no puede pasar un solo día de tu existencia que no hagas esto".

Jamás voy a olvidar el día que acompañé a mi mamá al médico para la consulta de unos resultados de estudios. Ella se encontraba sentada de frente al profesional, yo de costado teniendo una visualización perfecta de ambos. Cuando en esos interminables y silenciosos segundos donde leen los informes y te hacen la devolución, observaba los nervios manifestados en sus manos y su mirada fija en quien estaba enfrente. El endocrinólogo levantó su cabeza y explicó: Tenés cáncer. Y todo lo que vino después como efecto dominó, cambió un aspecto de nuestras vidas para siempre. Primero y hasta hoy recuerdo la expresión de ella dirigiéndose a él para decirle: - "pero doctor, yo esperaba jubilarme para hacer un montón de cosas y disfrutar de mi jubilación y usted me dice esto..." (hacía menos de un año que había adquirido el beneficio de sus aportes de toda la vida como portera de una escuela) entonces entendí que muchas veces vivimos la vida diciendo; "cuando pase esto" o "cuando pase esto otro" y la realidad es que no somos dueños del tiempo y mucho menos de las circunstancias.

A partir de ese día y en todos los días que siguieron hasta hoy vi a mi mamá florecer en medio de operaciones, sesiones de aislamiento, toma de yodo, dolores y lágrimas. Pero ella comenzó a vivir y disfrutar cada instante de su recorrido. ¿A qué edad? 67 años. Ya ves, jamás será tarde.

💜 Data: ¡Los niños saben celebrar!

Siempre me llamó la atención la capacidad de celebración de la vida que tienen los niños y parecernos a ellos o imitarlos no es mala idea a la hora de festejar el estar vivos.

Ellos:

💜 Viven con presencia total

- No están atrapados en el pasado ni preocupados por el futuro. El juego, la risa, el momento… todo es *ahora*.
- Cada experiencia es nueva, fresca, un descubrimiento.

🎨 Tienen la imaginación despierta

- Transforman cualquier objeto en universo, cualquier rincón en aventura.
- Lo cotidiano se vuelve mágico con sólo su mirada.

💜 Conectan sin juicios

- Se acercan a otros con apertura, sin etiquetas ni máscaras.
- Cada relación puede ser un puente de juego y afecto.

✨ Celebran lo pequeño

- Saltan por una mariposa, se asombran con una piedra brillante, ríen sin filtro.
- Donde otros ven rutina, ellos ven fiesta.

Tal vez no sea que la vida les ofrezca más, sino que ellos **la reciben con todo el cuerpo, el alma y el corazón**. A veces parece que nacen sabiendo que vivir es celebrar.

¡¡¡¡¡Imitémoslos!!!!

Por lo tanto ¡VIVE antes de morir! No esperes a… para disfrutar, no dejes cosas pendientes, ejecutalas y avanzá; encontrá lo espectacular en el caos. Disfruta. Saboreá la vida con todos los condimentos que la hacen única para vos. Como si fuera el sabor de esas ricas pastas con tuco, el helado, el café...o imagínate el sabor de la comida que más te guste, así, ¡de esa forma saboreá la vida!

Disfrutar es una danza entre la biología y la experiencia. Es el resultado de cómo el cerebro interpreta señales sensoriales, emociones y recuerdos, activando redes neuronales que nos hacen sentir bienestar, conexión o satisfacción.

💜 Data!

Desde la neurociencia, disfrutar es una experiencia compleja que involucra múltiples sistemas cerebrales relacionados con el placer, la motivación y la recompensa. No se trata solo de "sentirse bien", sino de cómo el cerebro interpreta, anticipa y responde a ciertos estímulos.

¿Sabés qué ocurre en el cerebro cuando disfrutamos? Mira:

- Sistema de recompensa: El núcleo accumbens, el área tegmental ventral y la corteza prefrontal se activan cuando experimentamos placer. Estos circuitos liberan dopamina, un neurotransmisor clave en la sensación de disfrute y motivación.
- Diferencia entre "querer" y "gustar": Según el neurocientífico Kent Berridge, el cerebro distingue entre el deseo (motivación por obtener algo) y el gusto (placer real al experimentarlo). Podemos desear algo sin necesariamente disfrutarlo cuando lo obtenemos[52].
- Factores moduladores: El entorno, el estado emocional, la expectativa y hasta la hora del día influyen en cómo se percibe el disfrute. Por ejemplo, algo placentero puede no sentirse igual si estamos estresados o cansados.

Disfrutar es:

- Innato: Algunos placeres, como el sabor dulce, son universales y activan zonas cerebrales desde el nacimiento.
- Aprendido: Otros placeres, como disfrutar del café o de una canción, se adquieren por experiencia y asociación cultural.

Desde la biología:

- Sistema de recompensa cerebral: Cuando disfrutamos algo (comida, música, compañía), se activa el circuito de recompensa, especialmente el núcleo accumbens y el área tegmental ventral. Estos liberan dopamina, generando sensaciones de placer y motivación.
- Neurotransmisores clave:
  - Dopamina: Asociada al deseo y la anticipación del placer.
  - Serotonina: Relacionada con el bienestar y la satisfacción.
  - Endorfinas: Reducen el dolor y aumentan la euforia.
  - Oxitocina: Vinculada al disfrute social y afectivo.
- Respuesta corporal: El disfrute puede reflejarse en la frecuencia cardíaca, la respiración, la expresión facial y la postura corporal. Por ejemplo, una sonrisa genuina activa músculos específicos como el cigomático mayor.

Desde la experiencia

- Subjetividad: Lo que una persona disfruta puede no ser placentero para otra. La historia personal, la cultura y el contexto influyen en cómo se interpreta una experiencia.
- Aprendizaje y memoria: Asociamos ciertas actividades con placer a través de la repetición y la memoria emocional. Por ejemplo, disfrutar de una canción puede estar ligado a un recuerdo feliz.

- Conciencia plena: Estudios muestran que cuando prestamos atención plena al momento presente (mindfulness), el disfrute se intensifica, ya que se reduce la distracción y se amplifica la percepción sensorial.

En esto de aprender a amarnos debemos reconocer que el disfrute es necesario, no un lujo.

- El cerebro necesita pausas para integrar experiencias, regular emociones y mantener la motivación.
- Estudios muestran que el ocio consciente mejora la memoria, la creatividad y la salud mental.

¿Qué hacer?

Planificar el disfrute como parte de la rutina

- Agendá momentos de disfrute como si fueran compromisos importantes.
- Usá recordatorios visuales o simbólicos (como una flor dibujada en tu calendario) para marcar esos espacios.

Practicar el "dolce far niente"

- Inspirado en la filosofía italiana, significa "el placer de no hacer nada".
- Permitirnos simplemente estar, sin productividad, ayuda a reducir el estrés y a reconectar con el presente.

Reentrenar el cerebro para el placer simple

- La dopamina no sólo se activa con grandes logros, sino también con pequeños placeres cotidianos: una caminata, una taza de té, una canción.
- Practicar gratitud y atención plena (mindfulness) potencia la capacidad de disfrutar.

Crear una bitácora de disfrute

- Anotá cada día algo que te dé alegría, por mínimo que sea.
- Esto entrena al cerebro a identificar y valorar lo placentero, reforzando circuitos de bienestar.

Desaprender la urgencia constante

- Vivimos en una cultura que glorifica la productividad. Aprender a "no hacer" también es un acto de resistencia y sanación.
- El descanso no es tiempo perdido, es tiempo restaurador.

Fuentes consultadas: psicología y mente, proyecto vida plena y salud vital.

No hace falta planificar grandes momentos para disfrutar y esperar a que lleguen, aunque es fabuloso esperar a disfrutar una boda, un cumple, un viaje, etc. Y házlo! ¡Porque es genial!
Pero la idea es disfrutar en el día a día. Esto es una forma de ser agradecido: Despertar y simplemente estar respirando, estar vivo.
Tener un lugar para vivir. Alquilado, prestado, propio. Disfruta ese espacio, cuídalo, límpialo, que tenga rico olor, adórnalo, que quien entra diga esta es "Silvia". (podríamos hablar aquí, también hasta crear todo un episodio sobre el lugar físico que habitamos y cómo nos representa)

Disfrutá tu trabajo.

No siempre tenemos la posibilidad de "trabajar" realmente en lo que nos gusta o ser dueños de nuestros trabajos. Particularmente trabajé como docente 27 años. ¿Sabés qué es lo mejor que recuerdo de esos tiempos? Todo lo extraordinario de reír hasta que me duela la panza, bailar, hacer obras de teatro, ver las caras de los niños y compañeras sonriendo, cantando, charlas, mates en el patio, de lo demás ya casi no tengo memoria. Pero todo eso nutrió mi vida y poder hacerlo fue un golazo a la vida.

También fuí empleada doméstica durante casi toda mi carrera docente durante los meses de temporada de verano. Tuve la suerte de tener gente extraordinaria como jefes, que hacían que me sintiera cómoda y agradecida por poder trabajar. No me gustaba limpiar y muchas veces me sentía muy cansada pero siempre entendí que era privilegiada por poder tener ese trabajo ya que estaba sana, tenía vitalidad, pagaba deudas acumuladas en el invierno y siempre tenía plata para darnos "gustitos".

CRANEEMOS JUNTOS!

Voy a dejarte un diseño muy cortito de cosas simples que a mí me harían disfrutar, vos poné las tuyas.

¡Contagia!

Una de las cosas que me llamó la atención de mi actual esposo, es su capacidad de estar siempre sonriente, sin importar cómo iba el día, pero lo más loco es como lo saludaba la gente en la calle. Íbamos con el mate dando una vuelta, o a hacer un mandado y sus conocidos le sonreían o le hacían chistes por la ventanilla o le gritaban ¡loco!

¡Somos claramente espejos!

Seguramente te sucedió que alguien que te atendió del otro lado de... si te sonrió o te hablo mal mejora o no el ambiente en el que se desarrolla el ida y vuelta, ya sea el camarero de un restaurant, la oficina de tu obra social, el cajero del súper, etc., etc.

Efecto libertad

🖤 Data!

Existe lo que se llama contagio emocional, y se define como la tendencia a imitar y sincronizar expresiones, posturas o vocalizaciones de otro lo que acaba provocando una experiencia emocional similar[53].

Según Hatfield, Cacioppo y Rapson(1993) el proceso es automático: imitas primero, luego el cuerpo te envía señales (feedback) y finalmente sentís la emoción que exhibe el otro.

Existe también la Emotional Contagion Scale (Doherty 1997) mide la susceptibilidad a atrapar emociones como la felicidad, tristeza, miedo, ira y amor[54]. También se emplean métodos neurológicos (neuroimagen o sincronía fisiológica) para estudiar cómo ciertas emociones influyen en las emociones del observador[55].

Atención porque está comprobado que las emociones negativas como la ira y la tristeza tienden a contagiarse con mayor facilidad que las positivas. Por ejemplo, en redes sociales, la ira se difunde más rápido y ampliamente que la alegría[56].

Un experimento realizado por Facebook con más de 600.000 usuarios demostró que al modificar el tipo de publicaciones emocionales que las personas veían (más positivas o más negativas), sus propias publicaciones reflejaban ese mismo tono emocional. Es decir, ver más alegría generaba más alegría; ver más tristeza, más tristeza[57]. En entornos laborales, se ha comprobado que las emociones de un líder o compañero influyen directamente en el estado de ánimo del equipo, afectando la motivación, la colaboración y la productividad.

También se han documentado casos extremos, como la "epidemia de la risa" en Tanganica en 1962, donde la risa se propagó entre cientos de personas sin causa aparente[58].

Esto ocurre porque, a nivel cerebral, tenemos neuronas espejo que nos permiten "sentir" lo que otros sienten, incluso sin darnos cuenta. Por eso, una sonrisa genuina puede levantar el ánimo de alguien, y un gesto de enojo puede tensar un ambiente entero.

El contagio emocional está bien documentado y es real. Existe un medidor validado (emotional contagion scale) que incluye emociones positivas y negativas. (Gouveia, V. V., Gouveia, R. S. V., Guerra, V. M., Santos, W. S., & Medeiros, E. D. (2007). Midiendo el contagio emocional: adaptación de la escala de Doherty[59].

Craneemos un poco y vamos por un test!
¿Te animás?

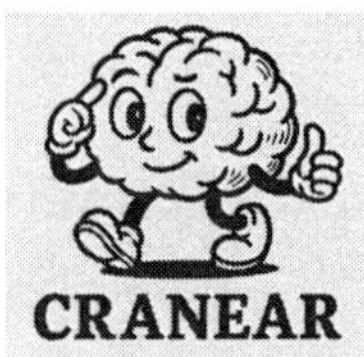

Mini test: ¿Qué tan emocionalmente contagiosa/o sos?

Instrucciones: Leé cada frase y marcá cuánto estás de acuerdo con ella según esta escala:

1 = Totalmente en desacuerdo

2 = En desacuerdo

3 = Ni de acuerdo ni en desacuerdo

4 = De acuerdo

5 = Totalmente de acuerdo

Efecto libertad

☺ Emociones positivas

Cuando alguien que conozco bien se ríe mucho, yo también me río fácilmente.

Si veo a alguien muy feliz, enseguida me siento más alegre también.

Me entusiasmo fácilmente si la gente a mi alrededor está feliz o animada.

☹ Emociones tristes o negativas

Me pongo triste cuando veo a un ser querido llorar.

Si alguien está tenso o enojado, yo también empiezo a sentirme inquieto/a.

Me siento incómoda/o si la gente a mi alrededor está angustiada o malhumorada.

🤝 Empatía emocional general

Las emociones de otras personas suelen afectar mi estado de ánimo.

Me es fácil "sentir" lo que otro está sintiendo, sin que me lo diga.

Cuando alguien tiene miedo, yo también empiezo a sentir miedo.

📊 Interpretación:

Sumá tus respuestas.

9–18 puntos Baja susceptibilidad emocional. Tendés a mantenerte emocionalmente independiente de los demás.

19–31 puntos Moderada susceptibilidad. A veces te contagiás de las emociones del entorno, pero podés mantener el equilibrio.

32–45 puntos Alta susceptibilidad. Sos muy empática/o; las emociones de otros suelen influir fuertemente en vos.

¿Cómo te fué?

"Celebremos la vida como un ritual que se multiplica. Mi alegría no se guarda, se comparte. La fiesta no es mía, es nuestra"

¡Seamos buenos gestionadores de emociones y afectemos positivamente a nuestro entorno!

Propósito

"Quién encuentra su propósito conoce su identidad,
y quien sabe quién es, jamás estará perdido"

Recuerdo que cuando comencé a escribir la idea de este libro tenía 45 años. Lo venía postergando, siempre surgía algo y no lograba realmente encontrar el tiempo para dedicarme. Siempre dije: "no me quiero ir de este plano de la vida (entre otras cosas) sin escribir un libro, sin aprender a tocar el piano y sin aprender a bailar".

Cuando me jubilé, hace exactamente un año, pasaron unos meses, cumplí otros sueños como viajar y conocer ciertos lugares. Hace un mes y medio dije: es hora de sumergirme en ese libro. Resulta que lo retomé y a los días, mi computadora se rompe de tal manera que pierde toda la información que tenía. ¡Desde recuerdos, miles de archivos con documentos para futuros libros que tenía en mente y también este libro que ya estaba muy avanzado! Entonces dije: "arranquemos de nuevo", con ideas pulidas y nuevas formas. Pero hice algo que es fundamental para concluir algo (esto es para los que no logran cumplir con lo que se proponen, lo postergan o directamente nunca lo concretan) "**¡me puse una fecha!**". Una fecha tangible y exacta del calendario. Mi fecha para terminar el borrador fue el martes 1 de julio, ya que iba a entregárselo a alguien que sabía del tema para que me oriente. De hecho, ahora estoy escribiendo esto, ya está todo terminado, ¡es 29 de junio del 2025 y llegue a tiempo!

Ahora estoy haciendo sólo ajustes de diseño.

¿A qué voy con todo este preámbulo? **Ponete metas con tiempos precisos.** De día, mes, año, hora. Como sea, pero fijate un propósito y andá por él.

💜Data: "No existen las edades en los propósitos"

¡Para sorprendernos un poco!

• Kimani Maruge, de Kenia, se convirtió en el estudiante de primaria más anciano del mundo al inscribirse en la escuela a los 84 años para aprender a leer y escribir. Basado en hechos reales[60].

- Barbara Hillary, a los 75 años, se convirtió en una de las primeras mujeres afroamericanas en llegar al Polo Norte. ¡Y luego también fue al Polo Sur[61]!

- Gladys Burrill, apodada "Glady-ator", corrió su primer maratón a los 86 años y completó otro a los 92, entrando al libro Guinness de los récords. García, A. (2024). Fallece Gladys Burrill a los 100 años, la mujer de más edad en correr maratón[62].
La abuela Moses empezó a pintar a los 76 años, cuando la artritis le impidió bordar. Su arte llegó a exhibirse en el Museo de Arte Moderno de Nueva York[63].

- Harland Sanders, más conocido como el Coronel Sanders, fundó KFC a los 65 años, después de una vida de trabajos variados y fracasos[64].

- Diana Nyad, nadadora de larga distancia, cruzó de Cuba a Florida a los 64 años, sin jaula contra tiburones ni traje especial[65].

- Michael Sayman, a los 13 años, creó su primera app y antes de los 18 ya trabajaba en Facebook. Hoy es gerente de producto en Google[66].

- Katie Ledecky, con apenas 20 años, ya había ganado múltiples medallas olímpicas y roto récords mundiales en natación[67].

- Gaten Matarazzo, actor de *Stranger Things*, usó su fama desde los 15 años para visibilizar una rara enfermedad genética que padece[68].

- Marcia Tozo, en la adultez, superó el desánimo y creó un exitoso emprendimiento de repostería[69].

- Dani Aragón, exatleta, reinventó su vida como locutor y mentor musical, demostrando que los sueños pueden mutar y expandirse[70].

- Steve Jobs: fue despedido de Apple, la empresa que él mismo fundó. A los 42 años, regresó y la transformó en una de las compañías más innovadoras del mundo. Ese regreso no solo marcó una nueva etapa para él, sino que también salvó a Apple del borde de la quiebra. En pocos años, lanzó productos como el iMac, el iPod y el iPhone, transformando la industria tecnológica y dejando un legado que aún perdura[71].

- Nelson Mandela: pasó 27 años en prisión. Al salir, no buscó venganza, sino reconciliación. Asumió la presidencia de Sudáfrica el 10 de mayo de 1994, a los 75 años. Fue el primer presidente negro del país y el primero elegido por sufragio universal. Su elección marcó el fin oficial del apartheid y el inicio de una nueva era de reconciliación y democracia[72].

¿Por qué tener un propósito?

Los propósitos nos mantienen incentivados, nos cambian la energía. Tener una meta o un propósito activa una verdadera sinfonía biológica y emocional en nuestro cuerpo.

💜 Data! ¿qué sucede cuando tenemos un propósito?

¡Mira! ¡Fascinante!

✳ 1. **Activa redes cerebrales de enfoque y motivación**
Tener un propósito estimula la corteza prefrontal, que es clave para la planificación, la toma de decisiones y la autorregulación. Esto nos ayuda a mantenernos enfocados y resilientes ante los desafíos.

✳ 2. **Regula mejor el estrés**
Las personas con un propósito definido muestran una menor secreción de cortisol (la hormona del estrés) y una mayor capacidad para gestionar situaciones difíciles. Esto se traduce en una mejor salud física y mental.

✳ 3. **Aumenta la reserva cognitiva**

Incluso en personas con signos de enfermedades neurodegenerativas, como el Alzheimer, se ha observado que quienes tienen un propósito vital conservan mejor sus funciones cognitivas. Es como si el propósito activara mecanismos de resiliencia cerebral.

✳ 4. **Mejora la salud general y la longevidad**

Estudios muestran que quienes viven con un propósito claro tienden a tener una mejor salud cardiovascular, mayor bienestar emocional y una vida más larga y plena.

✳ 5. **Integra lo cognitivo, lo emocional y lo motivacional**

El propósito no es solo una idea: involucra lo que pensamos, lo que sentimos y lo que nos impulsa a actuar. Es un sistema integrado que nos da dirección y sentido.

Siempre hay un "pero" (obstáculo) que debemos
conocer para poder derribar

Muchas cuestiones, aún muy profundas, pueden entorpecer nuestros propósitos, como ideas preinstaladas de la edad, los miedos, la inconstancia, ¡pero vamos a identificarlas y abordarlas para poder avanzar!

**La edad
influye, sí... pero no como solemos pensar...**

Más que un límite, puede ser una lente distinta desde la cual mirar nuestros sueños.

A edades más tempranas, solemos tener más energía física, menos responsabilidades y una visión más idealista. Pero también más dudas, miedo al fracaso y presión externa. Con los años ganamos algo invaluable: claridad, experiencia y una conexión más profunda con lo que realmente importa. Como dice un hermoso artículo, *"la mejor edad es cuando dejas de contar años y cumples sueños"*. La Mente es Maravillosa. (s.f.)

Lo que muchas veces nos frena no es la edad, sino los miedos, las excusas y los prejuicios que vamos acumulando. Pero cuando logramos soltar eso, la edad se convierte en una aliada: nos da perspectiva, paciencia y una fuerza más serena pero igual de poderosa.

Vuelve a leer los ejemplos del inicio de este episodio: ni muy joven ni muy viejo, no hay edad para cumplir los sueños que te propongas. Jamás será ni muy temprano, ni muy tarde!

Los miedos

Durante gran parte de mi vida viví con muchos miedos. Miedos reales que paralizaban mi cuerpo, mi mente, hacían transpirar mis manos y me terminaban angustiando de una manera tal que no podía avanzar. Trataba de mentalizarme y continuar, me decía frases, leía libros sobre el tema, vivía googleando cosas, oraba preguntando los por qué y realmente sufría mucho. Puedo atribuir estos miedos a muchas situaciones traumáticas de mi vida, como abusos, violencia, herencias espirituales, situaciones límites de enfermedades con posibles pérdidas de la vida de mis hijos, y no hay una solución mágica frente a esto.

Es un gran trabajo al que debemos estar dispuestos a enfrentar cada día. Trabajo interior y enfrentar ese miedo cada vez que aparece, hasta hacerlo esfumarse.

Podría contarte miles de anécdotas que bloqueaban literalmente mi vida, pero creo que es más importante que nos informemos sobre el tema y arribemos a cuestiones más concretas que te ayuden a visualizar la importancia de atender a este asunto para avanzar en esos "propósitos" que son tan necesarios establecernos para vivir en libertad.

Conceptualicemos

El miedo es una emoción profundamente humana y adaptativa. Comprender cómo funciona el cerebro nos permite transformarlo en aliado, en lugar de enemigo.

💜 Data ¿Qué áreas del cerebro participan en el miedo?

- **Amígdala**: Es el centro de alarma. Detecta amenazas y activa la respuesta de lucha o huida.
- **Hipocampo**: Da contexto. Ayuda a distinguir si una situación es realmente peligrosa o solo lo parece.
- **Corteza prefrontal**: Regula. Evalúa racionalmente la amenaza y puede inhibir la reacción de miedo si no es necesaria.
Ínsula: Procesa sensaciones físicas y emociones, integrando lo que sentimos con lo que pensamos.

¿Qué pasa en el cuerpo cuando sentimos miedo?

- Se activa el **sistema nervioso simpático**, liberando adrenalina.
- Aumenta la frecuencia cardíaca, la respiración y la tensión muscular.
- Se ralentiza la digestión para redirigir energía a músculos y cerebro.

¿Cómo se forman los recuerdos de miedo?

- El **subículo**, parte del hipocampo, ayuda a formar recuerdos vívidos de situaciones amenazantes.
- Estos recuerdos se almacenan con prioridad para evitar futuros peligros.

El miedo es una emoción primaria, pero no está solo: forma parte de un ecosistema emocional que influye en cómo pensamos, sentimos y actuamos.

¿Qué es el miedo en términos emocionales?

El miedo es una respuesta adaptativa que nos protege ante amenazas reales o imaginadas. Pero lo interesante es cómo se entrelaza con otras emociones:

- **Ansiedad:** surge cuando el miedo se anticipa, incluso sin una amenaza concreta.
- Ira: a veces aparece como defensa cuando el miedo nos hace sentir vulnerables.
- Tristeza: puede emerger cuando el miedo nos impide alcanzar algo que deseamos.
- Vergüenza o culpa: si el miedo está ligado a juicios externos o internos.

¿Cómo interactúan el miedo y otras emociones?

- El miedo puede amplificar otras emociones, como el estrés o la inseguridad.
- También puede bloquear emociones más suaves, como la alegría o la ternura.
- En relaciones humanas, el miedo puede disfrazarse de control, celos o evasión.

¿Por qué el miedo nos detiene?

- **Anticipación negativa**: imaginamos escenarios catastróficos antes de que ocurran.

- **Zona de confort**: preferimos lo conocido, aunque sea incómodo, por miedo a lo incierto.
- **Creencias limitantes**: ideas como "no soy suficiente" o "voy a fracasar" se instalan como verdades internas.
- **Patrones cerebrales**: el cerebro refuerza hábitos basados en recompensa y evita el riesgo, incluso si ese riesgo es necesario para crecer.

Entonces: ¿Cómo transformamos nuestros miedos?

- **Reconociéndolo sin juicio**: nombrar el miedo con precisión lo desactiva parcialmente.
- **Explorando su raíz emocional**: ¿es miedo al rechazo, al fracaso, a la pérdida?
- **Usando el cuerpo como guía**: respiración, movimiento y contacto ayudan a regularlo.
- Fortaleciendo la **corteza prefrontal** con prácticas como la meditación, la terapia cognitivo-conductual o el mindfulness puede ayudar a gestionar el miedo.
- La **exposición gradual** a lo temido permite "reprogramar" el circuito del miedo y reducir su intensidad.
- **Con visualización positiva**: imaginar el éxito en lugar del desastre cambia la narrativa interna.
- **Respiración y cuerpo**: técnicas como la respiración profunda ayudan a calmar la respuesta fisiológica del miedo

💜Data! Siempre pensá en esto:

Hay estudios documentados que muestran que **la gran mayoría de nuestros temores no se hacen realidad**. Uno de los más citados fue realizado por la *Universidad Estatal de Pensilvania*, **donde se pidió** a personas con trastorno de ansiedad generalizada que anotaran sus preocupaciones durante un mes[73].

¿El resultado?

"El 91% de las cosas que temían nunca ocurrieron".

Este hallazgo sugiere que el miedo, aunque adaptativo, muchas veces se basa en anticipaciones irreales. Incluso algunos participantes no vieron cumplirse ni una sola de sus preocupaciones.

¿Qué significa esto?

- El miedo nos prepara para actuar, pero también puede exagerar escenarios.
- Saber que el 90% o más de lo que tememos no ocurre puede ayudarnos a relativizar y gestionar mejor la ansiedad.
- Este tipo de evidencia se usa en terapias para mostrar que la mente no siempre predice con precisión.

Otra cosa que aprendí a decirme en medio del miedo fue: "¿Qué es lo peor que puede pasar?" Y me imaginaba aún lo más catastrófico hasta darme cuenta que aún eso era parte de estar vivo, que miles de personas lo habían vivido y continuado a veces unas un poco más rotas que otras, pero seguían.
Y ahí, justo ahí viene lo interesante... Muchas veces, al atrevernos a mirar lo peor a los ojos, descubrimos que no tiene tanto poder como pensábamos. Incluso puede ser el portal hacia algo nuevo.
¿Y si lo peor que puede pasar te conduce justo al lugar donde necesitabas llegar para transformarte?

Repito, no es sencillo. Ni es mágico, pero se puede.

Vamos a seguir con nuestras bitácoras, esta vez una que nos permita avanzar en este asunto de los miedos.

1. **Mapa emocional del día**
 • **Zona de niebla**: ¿En qué momento sentiste miedo hoy? Palabra clave: incertidumbre, rechazo, exposición...
 • **Síntoma físico o reacción**: corazón acelerado, evitación, bloqueo...
 • **Emoción acompañante**: ¿qué más sentiste junto al miedo? (ansiedad, enojo, tristeza...)

2. **Raíces del miedo**
 • ¿De dónde creés que nace ese miedo? Etiquetas simbólicas: "heridas pasadas", "creencias limitantes", "voces heredadas"
 • ¿Qué historia personal lo sostiene?

3. **Faros de claridad**
 • ¿Qué te ayudó a ver con más lucidez?
Persona, pensamiento, lectura, momento de calma...
 • ¿Qué aprendiste de ese miedo hoy?

4. **Puente hacia el propósito**
 • ¿Qué pequeña acción hiciste (o podrías hacer) que te acerque a avanzar?
 • Un paso, aunque sea en medio del miedo.

Mariposa del día

- ¿Sentís que algo se transformó?
- Imagen de liberación, palabra símbolo, color que represente tu avance

Una vez más, tomate 2 minutos para realizar respiraciones profundas e: "Inhalá confianza exhalá miedo"

Voy a dejarte unas frases inspiradoras para escribirlas y pegarlas donde puedas visualizarlas. ¡Podes recitarlas o simplemente leerlas en voz alta como una declaración de poder!

"El que teme que sufrirá, ya sufre lo que teme."
— Michel de Montaigne

"La cueva a la que te da miedo entrar contiene el tesoro que buscas."
— Joseph Campbell

"El miedo es tan profundo como lo permite la mente."
— Proverbio japonés

"La acción cura el miedo y la inacción crea terror."
— Douglas Horton

"Cada vez que enfrentas tus miedos, te haces un poco más fuerte."

"El cambio es el puente entre el miedo y la libertad."

"No tengas miedo de tus miedos.
Están ahí para mostrarte que algo vale la pena."
— C. JoyBell C.

Si tienes miedo, ¡házlo con miedo!

La inconstancia

¡Cuánto siempre me costó terminar lo que iniciaba! Muchas cosas no logré concluir, otras sí, pero con gran esfuerzo y ¡detesto ser tibia!. Abordar este asunto también puede ser clave para el objetivo sobre el cual queremos avanzar.

Lo que más me llamó la atención al tratar de investigar sobre este tema o tal vez con lo que más me identifiqué, es con la creencia instaurada de distintas palabras con las que conscientes o inconscientemente nos abordan las personas que nos atraviesan: pueden ser del entorno cercano o no: familia, amigos, docentes, etc. Y cuán importante y poder tienen esas palabras en las ideas que se instauran en nuestra mente y llevamos a las acciones de nuestra vida e incluso obstruyendo nuestros planes de sueños y propósitos.

Al trabajar tanto tiempo con niños y aún cuando fui mamá entendí y vi con mucha claridad que las palabras bendicen o maldicen.

En esta construcción de la personalidad, las palabras que escuchan forman parte de su narrativa interna. Frases como "Vos podés" o "Nunca vas a poder"; "sos inteligente" o "no servís para nada", pueden marcar profundamente su autoestima y comportamiento futuro y generar también un impacto emocional donde no sólo informan, también transmiten afecto o rechazo. Un elogio puede empoderar, mientras que una crítica hiriente puede dejar huellas duraderas de fracaso.

Por eso hay cosas que debemos decir a los niños:

- Tu hijo
- Tu nieto
- El que forma parte de tu familia
- El de la calle
- El del vecino
- Y tu niño de la infancia

"Sos importante...
Vos podés...
Que bien lo hiciste...
Estoy orgulloso de vos...
Está bien sentir lo que sentís...
estoy acá para ayudarte con esto...
No estás solo...
Tu voz importa...
Te creo...
Confió en vos...
Te amo...

¡Tal vez haciendo esto aportemos ese granito de arena necesario para una infancia y adultez más ligera de temores, inseguridades e inconstancias!
(Siempre voy a decir lo mismo: "¡que importante es cuidar las infancias!")

💜Data! ¡A informarse!

La inconstancia no es simplemente "falta de voluntad": según la psicología y la neurociencia, puede tener **raíces profundas** en la historia emocional, biológica y social de una persona.

<u>Posibles orígenes de la inconstancia.</u>

1. Inestabilidad emocional

- Cambios bruscos de ánimo dificultan sostener metas a largo plazo.
- La persona puede entusiasmarse rápidamente y luego perder el interés.

2. Baja tolerancia a la frustración

- Al enfrentar obstáculos, se desanima fácilmente y abandona proyectos.
- Esto puede estar ligado a experiencias tempranas de crítica o sobreprotección.

3. Déficit en funciones ejecutivas

- La corteza prefrontal regula la planificación y el autocontrol.
- Si está sobrecargada o poco desarrollada, puede generar impulsividad y falta de constancia.

4. Estilo de vida desequilibrado

- Estrés crónico, mala alimentación o falta de sueño afectan la motivación y el enfoque.

5. Narrativas internas limitantes

- Creencias como "no soy capaz" o "nunca termino nada" refuerzan el patrón de inconstancia.

6. Dependencia emocional

- La necesidad de aprobación externa puede hacer que los objetivos cambien según el entorno.

La inconstancia puede ser una mezcla de factores emocionales, cognitivos y contextuales. Pero lo más importante: **no es una condena**, sino un patrón que **puede transformarse** con autoconocimiento, apoyo y práctica.

Podríamos agregar sobre la parte de la ciencia, pero es bastante complejo de entender y no es la idea enroscarnos sino más bien simplificar esto y llevarlo a soluciones prácticas, aunque no de corto plazo.

Entonces trabajemos un poco sobre nuestra inconstancia siendo conocedores a grandes rasgos de lo que pudo habernos causado esta dificultad.

1. **Reconocer el patrón**

- ¿En qué áreas sos inconstante? (rutinas, vínculos, proyectos, autocuidado...)
- ¿Qué emociones aparecen cuando abandonás algo? (culpa, frustración, alivio...)

2. **Explorar el origen**

- ¿Qué creencias limitantes sostienen tu inconstancia?
Ej: "No soy capaz", "No vale la pena", "Siempre abandono".
- ¿Qué experiencias pasadas podrían estar influyendo?

3. **Redefinir el propósito**

- ¿Por qué querés ser constante en eso?
- ¿Qué valor profundo se activa cuando lo hacés? (libertad, salud, conexión...)

4. **Diseñar microacciones**

- Pequeños pasos diarios que no dependan de la motivación.
Ej: 5 minutos de respiración, una frase escrita, un gesto de autocuidado.

5. **Crear rituales simbólicos**

- Usá objetos, palabras o imágenes que te recuerden tu compromiso.
Ej: una piedra en el bolsillo, una mariposa dibujada, un eslogan como "Hoy vuelvo".

6. Registrar y celebrar

• Anotá cada vez que elegís avanzar, incluso si es mínimo.

Celebrá con gratitud: "Hoy elegí volver, y eso ya es constancia."

"Tu propósito es valioso. No importa cuán grande o pequeño parezca. Lo importante es que te conecte con lo que te hace bien. Y eso se construye paso a paso, elecciones conscientes, y gestos que te recuerden quién sos."

Te propongo completar este cuadro para ir avanzado en planear propósitos.

---

1. Bitácora de propósito
Qué te inspira. ____________________________________

Qué te gustaría transformar. ____________________
____
Qué valores querés cultivar. Podés acompañarlo con dibujos, frases o símbolos que representen tu camino.
____

CRANEAR

---

2. Collage de visión (Vision Board)
Recortá imágenes, palabras o colores de revistas que representen tus sueños y metas. Pegalos en una cartulina o cuaderno. Es una forma visual y poderosa de conectar con lo que deseás manifestar.

---

3. Carta desde tu "yo del futuro"
Escribí una carta como si ya hubieras alcanzado tus metas. ¿Cómo te sentís? ¿Qué aprendiste? ¿Qué agradecés? Esta actividad ayuda a visualizar y motivarte desde la emoción.

4. Rueda de la vida

Dibujá un círculo dividido en áreas (salud, relaciones, espiritualidad, creatividad, etc.). Puntualas del 1 al 10 según cómo te sentís hoy. Luego, elegí en qué áreas querés enfocarte y qué pequeñas acciones podrías tomar

5. Propósito, en una palabra

Elegí una palabra que resuma tu intención para este ciclo (ej.: "equilibrio", "valentía", "conexión"). Podés escribirla en una piedra, colgarla en tu espacio o usarla como "eslogan".

6. Ritual simbólico de inicio

Encendé una vela, escribí tus metas en un papel y guardalo en un frasco o caja especial. Cada mes, volvé a leerlas y anotá cómo vas. Podés acompañarlo con música, aromas o elementos naturales.

Te dejo un test para que te autoevalúes sobre tu **propósito y metas personales.**

Objetivo: Reflexionar sobre lo que te mueve, tus valores, y cómo eso se traduce en acciones reales.

◆ *Sección 1: Exploración interior*

Instrucciones: Elegí una opción por pregunta y registrá cómo te hace sentir.

1. Cuando pienso en mi propósito, siento que:

a. Lo tengo claro y lo aplico.
b. Lo intuyo, pero no lo concreto.
c. Me cuesta identificarlo.

2. Mis metas actuales están alineadas con lo que valoro profundamente:

a. Siempre
b. A veces
c. Muy poco o nada

3. Lo que más me motiva es:

a. Aportar algo valioso a otros
b. Crecer y transformarme
c. Sentirme libre y auténtico/a

◆ *Sección 2: Acciones concretas*
Instrucciones: Pensá en tu rutina diaria y elegí la opción que más se parezca a tu realidad.

1. Cada semana dedico tiempo a algo que me conecta con mi propósito:

a. Sí, con regularidad
b. Sólo cuando me siento inspirado/a
c. Casi nunca

2. En momentos de duda o inconstancia:

a. Recuerdo por qué empecé
b. Busco algo que me reanime
c. Dejo pasar los días sin rumbo

3. Tengo símbolos, frases o rituales que me recuerdan quién soy y qué quiero:

a. Sí, y los uso seguido
b. Los tengo, pero los olvido
c. Nunca los creé

◆ *Sección 3: Reflexión creativa*

Instrucciones: Responde libremente.

a. Si tu propósito fuera un símbolo, ¿cuál sería y por qué?

b. ¿Qué pequeña acción podrías hacer hoy para encontrarte con vos mismo/a?

c. ¿Qué parte de vos necesita más cuidado y escucha para seguir ese camino?

※ Resultados interpretativos

Mayoría de A:Tenés una conexión activa con tu propósito. Fortalecé los rituales y hacelos sostenibles.

Mayoría de B: Intuís tu camino, pero necesitás integrar más consistencia y traducirlo en acciones cotidianas.

Mayoría de C: Tu propósito está esperando ser descubierto. Dale espacio con curiosidad, sin exigencia.

Hay muchas cosas que deseo hacer antes de morir, cosas con las que siento que voy a honrar el estar viva. Muchas de ellas ya las realicé, por otras estoy yendo. te abro mi corazón y te dejo una mezcla de ellas, algunas aventureras y otras espirituales, ojalá que te inspires y empieces a armar la tuya.

Experiencias que expanden el alma

- Ver una aurora boreal.
- Caminar descalza por la playa al amanecer.
- Dormir bajo las estrellas en un lugar sin luces artificiales.
- Ver salir la luna del mar.
- Hacer un viaje sola, solo para escucharme.

Conexión interior y espiritual

- Escribir una carta a mi "yo" del pasado… y otra al de mi futuro.
- Hacer un retiro espiritual.
- Crear mi propio ritual de agradecimiento.
- Leer un libro sagrado o inspirador en un lugar natural.

Expresión creativa y simbólica

- Pintar o diseñar algo que represente mi esencia.
- Escribir una canción que se escuche en la radio.
- Crear una bitácora de vida con símbolos, frases y recuerdos.
- Escribir un poema o cuento que hable de mi transformación.
- Hacer una obra de arte con mis manos, aunque no sea "perfecta".

Vínculos y actos de amor

- Decirle a alguien lo que nunca te animaste.
- Perdonar (o pedir perdón) aunque no haya respuesta.
- Abrazar a alguien durante un minuto entero, sin decir nada.
- Hacer un acto de bondad anónimo.
- Compartir un viaje con…una lista de gente que amo.
- Que mis hijos me enseñen a surfear.

Legado y propósito

- Plantar un árbol con un deseo.
- Enseñar algo que amo a otra persona.
- Escribir un libro.
- Dejar una carta o mensaje para alguien que aún no conozco (como un nieto, un lector, un alma futura).

Efecto libertad

• Vivir un día entero como si fuera el único... y agradecerlo al final.

"Cada paso que damos con sentido, con propósito,
aunque pequeño, es una forma de libertad."

Alineado con el Ser

"cuerpo, alma, espíritu"

Y así, descubrimos que no estamos solos en el viaje.

Que no se nos arrojó al mundo sin brújula.Se no escribieron tratados...

Recibimos *susurros.*En la lluvia que calma. En las pausas del corazón.

En las decisiones que se sienten como verdad.

Consejos que llevan firma, y saben a hogar.

Los encontramos en el perdón que aligera, en la gratitud que ilumina, en el amor que no exige.Y en esa voz —silenciosa y constante— que nos recuerda que no estamos solos.

Quizás la plenitud no sea el destino, sino la forma de andar.Y cada paso que demos con el alma despierta, será eco fiel de esos consejos que, en el fondo, siempre supimos.

No hay manual grabado en piedra, ni mapas con todos los caminos.

Pero sí hay señales... sembradas en lo hondo.

Una paz que llega sin razón.Un perdón que libera más de lo que pensábamos posible.Un susurro leve —casi invisible— que nos recuerda quiénes somos.

El Alfarero no nos dejó solos:puso en nuestro interior la semilla de su sabiduría, creatividad, amor, fe...Nos aconseja en el lenguaje del viento, en la ternura inesperada, en la valentía de ser auténticos.

Vivir una vida plena, en libertad no es seguir reglas, es responder a esos consejos que brotan cuando el alma escucha.

Y quizás, al final de todo,la plenitud no esté en llegar a algún lugar... sino en transitar conectado con Aquel que nos habla sin palabras.

Amate y Cuida tu cuerpo:

- Aprendé a respirar bien: ya hablamos sobre esto muchas veces. No solo es respirar sino cómo lo haces.
- Alimentate: Incluye frutas, verduras, legumbres, cereales integrales y grasas saludables. Evitá los ultraprocesados, azúcares añadidos, harinas y grasas trans.

• Realizá ayunos: desde la antigüedad se utilizó para curar tanto desarreglos físicos como trastornos mentales, ejerciendo un efecto poderoso en nuestra psiquis. También para tomar decisiones importantes ya que aclara y despeja la mente.

• Hacé actividad física.

• Tomá agua: Tomá al menos 8 vasos de agua al día. También podés sumar infusiones o jugos naturales sin azúcar.

• Dormí. El sueño de calidad es clave para la regeneración celular y el equilibrio hormonal. Planificalo como algo más en tu vida. A diario.

• Trata de evitar el tabaco y el alcohol: Dejar de fumar y reducir el consumo de alcohol tiene beneficios inmediatos y a largo plazo para el corazón, los pulmones y el sistema inmunológico.

• Cuidá tu piel: Usá protector solar, hidratá tu piel y evitá la exposición prolongada al sol.

• Gestioná el estrés: Practicá técnicas como la meditación, el yoga o simplemente dedicá tiempo a actividades que disfrutes.

• Higienizate: Lavarse las manos, mantener la higiene bucal y ducharse regularmente previene enfermedades y mejora la autoestima.

Amate y Cuidá tu alma

• Practicá el silencio interior: Reservá momentos sin estímulos externos para escucharte. La meditación, la contemplación o simplemente caminar en la naturaleza pueden ayudarte a reconectar con tu esencia.

• Soltá el rencor: El perdón no es para los demás, es un regalo que te hacés a vos mismo. Liberarte del resentimiento aligera el alma y abre espacio para la paz.

• Viví el presente: La ansiedad vive en el futuro, la culpa en el pasado. El alma florece en el ahora.

• Cultivá la gratitud: Agradecer lo pequeño y lo grande transforma la percepción de la vida. Un diario de gratitud puede ser una herramienta poderosa.

• Amigate con tu historia: Aceptar tu pasado, con sus luces y sombras, es un acto de amor propio. No sos tus heridas, pero ellas también te hicieron quien sos.

• Conectá con lo trascendente: Ya sea a través de la espiritualidad, el arte, la música o la naturaleza, buscá aquello que te haga sentir parte de algo más grande.

• Rodeate de belleza y verdad: Leé libros que te inspiren, escuchá música que te eleve, compartí con personas que te nutran. El alma se alimenta de lo auténtico.

• Abrazá tu vulnerabilidad: Mostrarte tal como sos, sin máscaras, es un acto de valentía que fortalece el alma.

Amate y cuidá tu espíritu

• Orá y medité con regularidad: La oración conecta con lo divino; la meditación, con el silencio interior. Ambas prácticas fortalecen el espíritu y brindan claridad.

• Buscá el sentido en lo cotidiano: Ver lo sagrado en lo simple —una conversación sincera, un atardecer, una canción— nutre el alma y da profundidad a la vida.

• Viví con propósito: Preguntarte "¿para qué hago esto?" te alinea con tus valores más profundos y evita que vivas en piloto automático.

• Practicá el desapego: No se trata de renunciar a todo, sino de no aferrarte a lo que no podés controlar. El desapego libera y fortalece el espíritu.

• Serví a los demás: El servicio desinteresado es una de las formas más poderosas de crecimiento espiritual. Ayudar a otros te conecta con algo más grande que vos.

- Alimentá tu espíritu con belleza: Leé textos sagrados o inspiradores, escuchá música que eleve, rodete de arte y naturaleza. Todo lo que te eleve, te fortalece.
- Cuidá tu entorno interior: Evitá pensamientos destructivos, críticas constantes o ambientes tóxicos. El espíritu necesita un espacio limpio para florecer.
- Celebrá rituales significativos: escribir una intención, agradecer antes de dormir... Los rituales cotidianos pueden ser anclas espirituales.

"¡Amate y cuidate, eso te va a permitir crear relaciones sanas y vivir plenamente y todo irá en efecto dominó, ¡efecto libertad!"

"Eco de Libertad"

- Cuidá tus pensamientos, piensa siempre en lo que estás pensando.

- Recordá que no sólo comemos por la boca, también lo hacemos por los ojos y por los oídos, mantén una dieta equilibrada en tu salud espiritual.

- Cuidá tu cuerpo: es el templo de tu alma.

- Mantén un corazón alegre: "El corazón alegre es buena medicina, pero el espíritu quebrantado seca los huesos. La actitud positiva influye en la salud física.

- Escuchá un poco de música cada día. Música que te alegre el alma y baila a su ritmo. Solo o con alguien, no importa, sólo hacelo.

- Juntate una vez por semana con amigos, familia, con gente que te haga buena compañía. La gente que te quiere, nutre tu alma.

• Realizá actividades que te permitan estar en contacto con otros.

• No mientas, o te meterás en el arduo trabajo de recordar la mentira que inventaste y eso simplemente te estresará y finalmente no hay nada oculto que no salga a la luz. El camino corto siempre fue y será la verdad.

• De todo lo que ganes, algo gasta, algo guarda y algo da. Porque todo vuelve.

• No consultes por tu futuro, no permitas que nada lo condicione, deja que la vida te sorprenda. Las cosas sucederán de todos modos. Más bien vive pensando en que tus acciones de hoy determinarán mucho de ese futuro que esperas.

• Perdoná, hacelo primero por ti. Hacelo también por el otro. Ambos serán liberados y vos habrás ganado la batalla más grande de tu vida. Perdoná y viví en paz- El perdón libera del resentimiento, que puede afectar la salud emocional.

• Siempre que puedas, tratá de estar en paz con el otro.

• Evitá la maldad: "Esto infundirá salud a tu cuerpo y fortalecerá tu ser".

• Honrá a tus padres, esto puede significar muchas cosas, pero básicamente no le desees el mal, no los maltrates, si es necesario, alejate; si te fuere posible, ayúdalos en su vejez, visitalos de vez en cuando; hicieron lo que pudieron aún cuando se equivocaron tanto que te dañaron. Tú, corta esa herencia y sé todo lo que ellos no fueron para ti. Tus hijos heredarán tu conducta.

• Ayudá a alguien hoy, y recordá: que tu mano derecha no sepa lo que hace la izquierda. No hace falta la foto, ni contarlo, ni publicarlo. Hazlo en silencio.

• Hay un tesoro que debes buscar, y es la sabiduría. No se trata sólo de conocimiento, sino de saber vivir bien, con discernimiento y humildad.

• No ames el dinero: Porque raíz de todos los males es el amor al dinero. El problema no es tener dinero, sino ponerlo por encima de todo lo demás.

• Sé generoso: Hay quienes reparten, y les es añadido más. Con esto puedes bendecir a otros.

• Evitá las deudas innecesarias: "El que toma prestado es esclavo del que presta".

• Planificá y administrá bien. lo que implica tener un presupuesto y ser buen administrador.

• Cuidá tus palabras; no te imaginás el poder que tiene tu lengua no sólo para reparar sino también para dañar; habla entonces siempre con la verdad, evita el chisme y cuándo callar, no juzgues; son claves para mantener relaciones sanas y evitar conflictos innecesarios. "Las palabras agradables son panal de miel, dulces al alma y sanadoras para los huesos."

• Practicá la honestidad: La integridad. Sé honesto en los negocios, en las relaciones y en las decisiones personales.

• Valorá la disciplina, al contrario de lo que se cree comúnmente, la corrección y la disciplina no son castigos, sino oportunidades para crecer. Aceptá la crítica constructiva.

• Evitá la pereza: la pereza lleva a la pobreza, mientras que el trabajo constante y responsable trae prosperidad.

• Elegí bien tus compañías: ellas influyen en nuestro carácter, rodéate de personas que saquen lo mejor de ti.

• Recordá; Todo tiene su tiempo; Hay un momento para cada cosa: para reír, llorar, construir, callar, hablar... Aceptá los ciclos de la vida y podrás vivir con más paz y menos ansiedad.

• Disfrutá el presente, lo simple; La vida es breve y muchas veces impredecible, disfrutá del trabajo, la comida, la familia, los amigos y los pequeños placeres mientras se pueda. Gozar del fruto del trabajo es un regalo.

• Evitá la vanidad: el éxito, el poder y las posesiones son pasajeros. Lo importante es vivir con propósito.

• Ponete metas, todo el tiempo, diarias, semanales, anuales, a corto y largo plazo y levantate cada día con un plan para llegar a ellas.

• No te obsesiones con el trabajo. Trabajar es bueno, pero vivir sólo para producir va a hacerte sentir vacío. El equilibrio es clave

• Sé agradecido: Valora lo que tienes en lugar de enfocarte en lo que te falta. La gratitud trae alegría. La alegría sana. La gratitud protege contra la codicia y la ansiedad financiera.

• Buscá consejo sabio: siempre que necesites tomar una decisión importante, recordá la importancia de buscar consejos, en lo posible de más de una persona y luego evaluá y tomá tu decisión. "Donde no hay buen consejo, el pueblo cae, pero en la abundancia de consejeros está la victoria".

• Todo es pasajero: La fama, el trabajo, el placer... todo es "vanidad" si no tiene un propósito eterno.

• Hay un tiempo para todo: La vida tiene ciclos, y aprender a fluir con ellos trae paz.

• No te obsesiones con el control: Hay cosas que escapan a nuestra comprensión; confía.

• Viví con propósito desde joven: Recordá a tu Creador en los días de tu juventud.

• Acepta el misterio de la vida: No todo tiene explicación. Hay cosas que escapan a nuestro control, y aprender a soltar trae paz.

• Somos personas con voluntad. Cada uno tiene responsabilidad de sus propios actos. Cada decisión que tomamos, hasta la que creemos más insignificantes tiene su consecuencia a corto largo o inmediato plazo. Resuelve sabiamente. Vamos a equivocarnos y muchas veces. Elige bien en qué equivocarte, qué batalla pelear, cuál ganar y cuál perder, para que las consecuencias y pérdidas sean las mínimas.

• No te detengas, no mires hacia atrás, avanzá y sólo recordá el pasado si eso te impulsa a vivir mejor el presente y futuro. No mires hacia atrás si no es para tomar impulso.

Efecto libertad

He visto gente caminando por las calles de la ciudad completamente presas, y también he visto gente en cárceles, rodeadas de paredones imposibles de franquear, pero libres....
¿Entonces qué es la libertad?

...Cerrá los ojos...imaginate frente al majestuoso mar...
el sonido de las olas...
La inmensidad de la montaña...
El olor a tierra recién mojada después de una
deseada lluvia en los verdes campos...

El bosque con las ramas de los árboles meciéndose como
si bailaran al son de una música inaudible a oídos humanos...

Libertad es una palabra que vibra con fuerza en el
corazón humano.
"Un solo evento" puede desencadenar una reacción
en cadena de consecuencias.

¡¡CONECTA CON EL CREADOR!!

"Gracias por permitirme entrar a través de estas letras a tu íntimo mundo, pido por tu vida, que sea <u>iluminada</u> de tal manera que descubra <u>esa forma</u> de vivir liviano, en equilibrio, en <u>Libertad</u>..."

Silvia Molina

Anexo dedicatorias:

Porque tus silencios también merecen palabras que abracen."	"Este libro es para tu versión futura, la que ya empezó a despertarse
"Te regalo este libro como quien deja una llave bajo la alfombra... por si un día quieres volver a vos."	"Porque todo comienzo necesita un faro. Que estas páginas lo sean para ti."
"A ver si con este por fin terminas algo que empiezas."	"Para tí, que sobrevives sin leer... pero este libro tiene dibujos. Más o menos."
"Dedicado a ti, que abriste este libro pensando que era una caja de bombones."	"Si este libro no cambia tu vida... al menos puede servir como abanico."
"Es posible que este libro tenga poderes mágicos. O solo polvo. Tú decides."	"Para ti, que dijiste que odiabas leer. ¡Sorpresa!"

"Para quien alguna vez olvidó su luz... y aun así siguió andando."	"A ti, que no sabías que estabas sembrando libertad mientras buscabas respuestas."
"Este libro es tu reflejo escondido en palabras."	"Para mi yo de antes, que tuvo el coraje de no rendirse. Y para el de ahora, que aprendió a florecer."
"Escribo para recordarme lo que ya soy, y todo lo que estoy por descubrir."	"Dedicado a la versión de mí que empezó este camino sin saber a dónde iba, pero con el alma llena de sol."
"A quien abra esta puerta con el corazón en silencio... Bienvenido. Este es un lugar sagrado, sembrado con huellas, llaves y tiempo."	"Dedicado al alma inquieta que sigue el rastro de las mareas, sin miedo a rediseñarse en cada orilla."
	"Te regalo este libro porque sé que a veces el alma también necesita espejos, brújulas o simplemente una pausa."

REFERENCIAS

1. Fuente: Organización Mundial de la Salud. *7 millones de muertes prematuras al año vinculadas a la contaminación del aire*. **Ginebra: OMS, 25 de marzo de 2014. Disponible en: https://www.who.int/es/news/item/25-03-2014-7-million-premature-deaths-annually-linked-to-air-pollution**

2. **Fuente: Martínez Chairez, G. I., Torres Díaz, M. J., & Ríos Cepeda, V. L. (2020).** *El contexto familiar y su vinculación con el rendimiento académico.* **Revista de Investigación Educativa de la REDIECH, 11, 1–17. Disponible en https://www.redalyc.org/journal/5216/521662150008/html**

3. **Fuente: Pérez Ulloa, O. A. (2023). Fortalecimiento de la identidad cultural a través del pensamiento crítico. Revista Pensamiento Udecino, 7(1), 70–79.** Pérez Ulloa, O. A. (2023). *Fortalecimiento de la identidad cultural a través del pensamiento crítico.* **Revista Pensamiento Udecino, 7(1), 70–79. Disponible en: https://revistas.ucundinamarca.edu.co/index.php/Pensamiento_udecino/article/download/560/439/2372**

4. **Kessler, G., & Assusa, G. (2021).** *Pobreza, desigualdad y exclusión social.* **Buenos Aires: Argentina.gob.ar. Disponible en: https://www.argentina.gob.ar/sites/default/files/pobreza_y_desigualdad_editado.pdf**

5. **Fuente: Triglia, A. (2015).** *El experimento de la prisión de Stanford de Philip Zimbardo.* **Psicología y Mente. Disponible en: https://psicologiaymente.com/social/philip-zimbardo-experimento-prision-stanford**

6. **Franco, E., Urosa, J. M., Gil-Ares, J., Barakat, R., Refoyo, I. (2021).** *Los entornos saludables y la calidad de vida. Estudio "Healthy Cities".* **Cultura, Ciencia y Deporte, 16(49), 347–353**

7. Cabrera Villota, L. D. (2024). *La influencia de la experimentación y el método científico.* **Universidad Mariana, Maestría en Pedagogía. San Juan de Pasto**

8. Waring, T. M., & Wood, Z. T. (2021). *Cultural evolution dominates genetic evolution in humans.* Proceedings of the Royal Society B: Biological Sciences, **288(1951), 20211711.**

9. Horvat, A. (2025, 6 de junio). *Cada vez más personas recurren a los test genéticos de ancestralidad para conocer sus raíces.* **La Nación.**

10. Feldman, M. W., & Cavalli-Sforza, L. L. (1981). *Cultural Transmission and Evolution: A Quantitative Approach.* **Princeton University Press**

11. Fuente: revista researtgate .Boyd, R., & Richerson, P. J. (1985). *Culture and the Evolutionary Process.* **University of Chicago Press**

12. Rondón González, F., & Barreto, G. (2013). *Estructura genética, ancestralidad y su relación con los estudios en salud humana.* **Médicas UIS, 26(1), 37–43**

13. De Haro, A. (1998). *Biotecnología humana: herencia biológica y herencia cultural.* **Cuadernos de Bioética, 9(3), 35–42**

14. Fuente: Nutrición Hospitalaria .Beltrán-Piña, B. G., González-Castro, M. I., & Rivas-García, F. (2019). *Influencia de aminoácidos provenientes de la dieta en la expresión de genes.* **Nutrición Hospitalaria, 36(1), 173–182**

15. Fuente; Revista sociedad argentina de nutrición. Ridner, E., Gamberale, M. C., Aragona, S. H., Basile, R., Saad, G., García, E., Marsó, A., & Lozano, M. G. (2009). *Nutrigenómica: revisión del estado actual y aplicaciones.* **Revista de la Sociedad Argentina de Nutrición, 10(2), 115–123**

16. Fuente: Colombia Médica . García-Vallejo, F. (2004). *La genómica nutricional: un nuevo paradigma de la investigación de la nutrición humana. Colombia Médica*, 35(3), 150–160

17. Respaldo académico: FDA (Administración de Alimentos y Medicamentos de EE. UU.) *Cómo la terapia génica puede curar o tratar enfermedades.* Díaz, G. M., & Montiel, G. (2002) *Terapia génica en inmunodeficiencias primarias.* Revista Médica del Hospital Nacional de Niños, Costa Rica. Texto completo en SciELO. Bosque Julián, J. A., et al. (2024) *Avances en la terapia genética para enfermedades hereditarias.* Revista Ocronos, 7(8), 261. Artículo completo

18. Nombre completo: CRISPR (Clustered Regularly Interspaced Short Palindromic Repeats) – Cas9 (CRISPR-associated protein 9)

19. Fuente: García, E. J. M. (2024). *10 ideas de Nelson Mandela que cambiaron el Mundo.* Top10Listas.

20. Fuente: ACI Prensa. (2020). *San Juan Pablo II: Un día como hoy perdonó a Ali Agca, que intentó matarlo.*

21. Fuente: Wikipedia. *Comisión para la verdad y la reconciliación (Sudáfrica)*

22. Fuente: Informando y Formando. *Irán: Una madre perdona al asesino de su hijo.*

23. Fuente: Wikipedia. *Corrie ten Boom.*

24. Fuente recomendada: Puedes consultar el artículo completo en Psicología y Mente: Consecuencias de vivir experiencias traumáticas.

25. TEDxUPAEP – Alejandro Kasuga: La influencia del entorno en la formación de líderes. OpenWebinars – Gestión del talento en un entorno BANI. Virginia Montes – Cómo potenciar tus talentos y aplicarlos en el ámbito profesional

26. Psicología y Mente – Diferencias entre altas capacidades y superdotación

27. Liderazgo Empresarial – Cómo es una persona con talento

28. Nummenmaa, L. et al. (2013). *Bodily Maps of Emotions*. Universidad de Aalto

29. MDB15: la dieta del Dr. Facundo Pereyra para resetear el intestino – Diario Popular Sitio oficial del Dr. Facundo Pereyra – MDB15.com

30. Psicología y Mente – La relación entre respiración y emociones National Geographic – Cómo la respiración consciente mejora el cerebro

31. Frontiers in Psychology – The Effect of Diaphragmatic Breathing on Attention, Negative Affect and Stress

32. Simple Science – El papel de las células NK en la defensa inmune Elsevier – Las células NK y su papel en la respuesta inmunitaria

33. National Geographic – Cómo estas técnicas de respiración pueden mejorar tu cerebro y tu cuerpo

34. IONCA – Beneficios de la respiración consciente: evidencia científica y aplicaciones prácticas

35. SciELO – Mindfulness en consulta: respiración y amabilidad con uno mismo

36. OMS – Actividad física: beneficios y recomendaciones OPS/OMS – Actividad física y salud integral

37. Redalyc – Antecedentes históricos de la actividad física para la salud UAH – Sedentarismo y actividad física SciELO – Sedentarismo desde una perspectiva integral

38. Infobae – Descubren el mecanismo por el cual el ejercicio transforma el cerebro y potencia la memoria Salud Vital – Neurociencia aplicada al deporte: investigaciones recientes

39. CBS News. (2019, July 15). Dale Schroeder, humble Iowa carpen-

ter, sent 33 kids to college with secret savings. https://www.cbsnews.com/news/dale-schroeder-iowa-carpenter-sent-33-kids-to-college-with-secret-savings/

40. CNBC. (2017, junio 26). Warren Buffett and Bill Gates say giving away their money is the most fun they've ever had. https://www.cnbc.com/2017/06/26/warren-buffett-and-bill-gates-say-giving-away-their-money-is-the-most-fun-theyve-ever-had.html

41. https://elpais.com/gente/2025-04-07/mackenzie-scott-y-su-decisivo-papel-como-filantropa-ha-donado-19000-millones-de-dolares-en-los-ultimos-cinco-anos.html

42. https://www.periodismo.com/2023/03/08/givedirectly-la-ong-que-reparte-dinero-a-las-personas-que-lo-necesitan/

43. Periodismo.com. (2023, marzo 8). GiveDirectly, la ONG que reparte dinero a las personas que lo necesitan. https://www.periodismo.com/2023/03/08/givedirectly-la-ong-que-reparte-dinero-a-las-personas-que-lo-necesitan/

44. Guerri, M. (2023, mayo 18). Las 50 mejores frases de la Madre Teresa de Calcuta. PsicoActiva. https://www.psicoactiva.com/blog/las-50-mejores-frases-de-la-madre-teresa-de-calcuta/

45. Wikipedia. (2024). Maximiliano Kolbe. https://es.wikipedia.org/wiki/Maximiliano_Kolbe

46. https://www.infobae.com/america/mundo/2018/03/24/murio-el-gendarme-heroe-que-se-cambio-por-rehenes-en-el-ataque-terrorista-a-un-supermercado-en-el-sur-de-francia/

47. https://www.bbc.com/mundo/noticias-internacional-40192680

48. https://www.infobae.com/estados-unidos/2025/07/05/la-emocionante-historia-del-profesor-librescu-el-sobreviviente-del-holocausto-que-murio-salvando-a-sus-alumnos-en-el-tiro-

teo-de-virginia-tech/

49. https://www.lr21.com.uy/mundo/1153530-aitzaz-hasan-la-heroica-historia-del-joven-que-evita-un-ataque-suicida-en-su-escuela

50. Wikipedia. (2024). Anás al Basha. https://es.wikipedia.org/wiki/An%C3%A1s_al_Basha

51. The Lusitania Resource. (s.f.). Mr. Alfred Gwynne Vanderbilt. https://www.rmslusitania.info/people/saloon/alfred-vanderbilt

52. La Prensa Gráfica. (2020, diciembre 18). La ciencia de la adicción: por qué no siempre nos gustan las cosas que queremos. https://www.laprensagrafica.com/salud/La-ciencia-de-la-adiccion-por-que-no-siempre-nos-gustan-las-cosas-que-queremos-20201218-0053.html.

53. Hatfield, E., Cacioppo, J. T., & Rapson, R. L. (1994). Emotional contagion. *Current Directions in Psychological Science*, 2(3), 96–100. https://doi.org/10.1016/j.neuropsychologia.2020.107521

54. Fuente; ijsret.com/ Doherty, R. W. (1997). The emotional contagion scale: A measure of individual differences. *Journal of Nonverbal Behavior*, 21(2), 131–154. https://doi.org/10.1023/A:1024956003661

55. Fuente: sciencedirect.com/

56. Fan, R., Xu, K., Zhao, J., Ghosh, S., & Zhang, J. (2014). Anger is more influential than joy: Sentiment correlation in Weibo. *arXiv preprint arXiv:1403.6655*. https://arxiv.org/abs/1403.6655

57. Kramer, A. D. I., Guillory, J. E., & Hancock, J. T. (2014). Experimental evidence of massive-scale emotional contagion through social networks. *Proceedings of the National Academy of Sciences*, 111(24), 8788–8790. https://doi.org/10.1073/pnas.1320040111

58. (Wikipedia sobre la epidemia de la risa de Tanganica, o Muy Interesante,)

59. Revista de Psicología Social. https://www.researchgate.net/publication/233525927)

60. (s.f.). Kimani Maruge: El anciano que aprendió a leer a los 84 años. https://basadoenhechosreales.com.ar/historia-real-de-estudiante-que-recibe-apoyos-educativos/

61. Wikipedia contributors. (2024). Barbara Hillary. Wikipedia. https://en.wikipedia.org/wiki/Barbara_Hillary

62. Planeta Triatlón. https://planetatriatlon.com/fallece-gladys-burrill-a-los-100-anos/

63. Wikipedia contributors. (2024). Anna Mary Robertson Moses. Wikipedia. https://es.wikipedia.org/wiki/Anna_Mary_Robertson_Moses

64. Wikipedia contributors. (2024). Coronel Sanders. Wikipedia. https://es.wikipedia.org/wiki/Coronel_Sanders

65. Wikipedia: la historia de Diana Nyad

66. Wikipedia: biografía de Michael Sayman.

67. Wikipedia: biografía de Katie Ledecky. Biografía oficial Olympics.com

68. Clarín: entrevista exclusiva sobre su condición

69. APPEC: historia de éxito de Marcia Tozo. Tudo de Cake: Escuela Oficial de Marcia Tozo

70. You Tube: lecciones de éxito con Dani Aragón.

71. Computer Hoy: el despido que cambió la historia.

72. Infobae: Mandela: el hombre que eligió la paz.

73. LaFreniere, L. S., & Newman, M. G. (2019). The impact of worry on cognitive functioning: A longitudinal study of generalized anxiety disorder. *Behavior Therapy*, 50(3), 529–539. https://doi.or-

g/10.1016/j.beth.2018.08.004

"Todas las citas y referencias incluídas en esta obra han sido utilizadas con fines educativos y de divulgación, respetando los derechos de autor correspondientes. En caso de cualquier omisión involuntaria, se invita a los titulares a contactar a la autora para su corrección."